ZODIAC
STERNBILD
BÜCHER

Steinbock 21. 12. – 19. 1.

Wassermann 20. 1. – 18. 2.

Zwillinge 21. 5. – 21. 6.

Stier 21. 4. – 20. 5.

Waage 23. 9. – 22. 10.

Jungfrau 23. 8. – 22. 9.

Wenn Sie ein unfehlbares Mittel suchen, um in der Lotterie zu gewinnen, oder glauben, die 8 sei Ihre Glückszahl. – Wenn Sie meinen, daß die Menschen Ihres Sternzeichens einen Mondstein tragen müssen, um jeweils am Mittwoch geliebt zu werden. – Wenn Sie der Meinung huldigen, es gebe gute und böse Zeichen und das Wort »Dekanat« sei besonders tiefgründig. – Wenn Sie glauben, Zwillinge könnten nur Widder lieben. –

Dann lesen Sie dieses Buch nicht.

Fische 19. 2. – 20. 3.

Widder 21. 3. – 20. 4.

Krebs 22. 6. – 22. 7.

Löwe 23. 7 – 22. 8.

Skorpion 23. 10. – 21. 11.

Schütze 22. 11. – 20. 12.

Aber wenn Sie zugeben, daß an der Astrologie »etwas Wahres« ist. – Wenn Sie den psychologischen Wert dieser Sinnbilder – eben der Zeichen des Tierkreises – anerkennen. – Wenn sie einen gemeinsamen Urgrund bei »astrologisch ähnlichen« Menschen feststellen, obgleich diese gänzlich verschieden sein können. – Wenn Sie sich ein bißchen näher mit der Astrologie beschäftigen möchten. –

Dann lesen Sie dieses Buch.

Zodiac Sternbild-Bücher

Herausgeber
André Barbault

Bearbeitung der
deutschen Ausgabe
Helen und Carl J. Keller
unter beratender
Mitarbeit von
Erwin Allemann

Steinbock

Charakter und Schicksal des Menschen im Sternbild

Scherz
Bern München Wien

Inhaltsverzeichnis

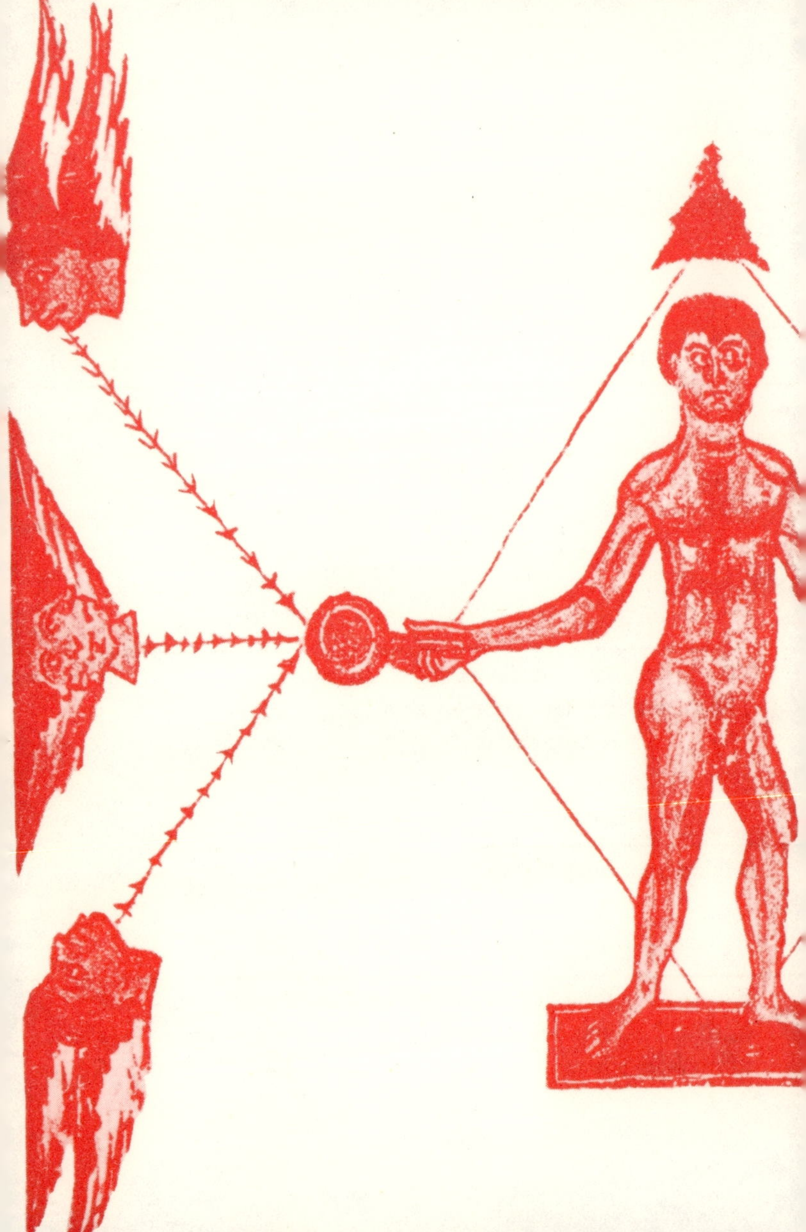

DAS SEIN

Der lange Atem

Wenn die Sonne um den 21. Dezember ins zehnte Tierkreiszeichen — den Steinbock (270—300 Grad) — eintritt, beginnt auch die erste Winterphase.

Ein Höhepunkt im Jahreskreislauf ist erreicht: die längste Nacht begegnet dem kürzesten Tag. Bezeichnet der Wendekreis des Krebses, sechs Monate später, die helle Jahres-Mitte, so versinnbildlicht die Wende zum Steinbock die dunkle Jahres-Mitternacht, die Weihnacht.

Im Steinbock-Monat steht die Natur im Zeichen der Nacht und der Kälte. Entblößt und eingeschrumpft ist alles, kraftlos und stumm. In den langen Wintertagen werden auch die Menschen still. Steinbock — das heißt: Winter in seiner ganzen, ernsten saturnischen Größe. Verinnerlichung, Abschirmung, verhaltene Lebenskraft, Konzentration, Entsagung: Steinbock im Reinzustand.

Aber tief drinnen im Schoß der Erde, unter der harten Schicht, keimt langsam und unmerklich das Saatkorn neuen Lebens. Steinbock ist denn auch das Zeichen der Dinge, die mühselig errungen werden, das Zeichen der ausdauernden Kämpfe auf weite Sicht.

Im Symbol wird er dargestellt durch ein Fabeltier, halb Bock, halb Delphin, ein Ungeheuer mit Ziegenleib und Fischschwanz. Die aufsteigende Schlußkurve des hieroglyphischen Zeichens entspricht dem Kopf (dem Erd-Mittag), die abfallende Schleife dem Fischschwanz (der Himmels-Mitternacht). Ein zweifacher Wert wird deutlich: Erd-Mittag als Gipfel, zu dem der Steinbock emporklimmt, Himmels-Mitternacht als Sinnbild tiefer Innerlichkeit.

Im Steinbock treten alle Stufen vom Negativen zum Positiven auf, die von der Spannung am „Mittag“ bis zur Askese in der „Mitternacht“ reichen. Zweierlei ist möglich: Beschränkung auf das Wesentliche im Ich, ohne Rücksicht auf die Umwelt, läßt den Menschen in Geiz oder Elend verarmen. Im Blick auf die Welt jedoch und in Auseinandersetzung mit ihr ergibt die läuternde Reduktion, gleich einem Scheideverfahren, höchsten Wert auf kleinstem Raume. Das Bild des Diamanten drängt sich geradezu auf.

Im Tierkreis-Dreieck des Erd-Elements nimmt der Steinbock den ersten Platz ein, den eines Kardinalzeichens. Im Jahreskreislauf der Vegetation vertritt der Steinbock die kalttrockene Januar-Erde, in deren Tiefe sich das Werk neuer Befruchtung vollzieht — im Gegensatz dazu: der Stier, als Ausdruck dionysischer Frühlingskraft. Auf „Empfängnis“ und „Gestaltwerdung“, auf Steinbock und Stier, folgt neun Monate später das Zeichen der Frucht, die Jungfrau. Der Kreis von der Saat zur Ernte ist geschlossen. Alle drei Zeichen stehen in enger Verwandtschaft: verkörpert der Stier den Menschen des Lebensgenusses und die Jungfrau den Menschen der Lebensleistung, so versinnbildlicht der Steinbock den Menschen der Lebensverpflichtung.

Steinbock — Krebs

Doch Steinbock bedeutet auch Bestimmung, Zweck und Ziel. Diese Färbung ergibt sich vor allem aus dem Spannungsverhältnis zum Zeichen des Krebses.

Krebs steht zu Steinbock wie Mutter zu Vater, Tal zu Gipfel, Heimat zu Fremde, Privates zu Gesellschaftlichem. Im Krebs nimmt das Leben Gestalt an: der werdende Mensch ist dem Leben verhaftet, an die Erde gekettet, in den Kreis der Familie, die Umwelt, das Vaterland eingeschlossen. Im Steinbock dagegen neigt das Leben zur Befreiung von den Banden der

Materie; der Mensch möchte die Ketten abwerfen, subjektive Meinungen überwinden, persönliche Gefühle abstreifen und den Drang zur Erde hin abtöten. Zumindest schätzt er sein Ich gering ein, um sich um so besser in Beruf und gesellschaftlicher Stellung zu behaupten. Dann gewinnen Gesellschaft und Gemeinschaft Überhand und damit der Staat. Dann triumphieren politischer Apparat, System, staatliche Organisation.

Die Zelle persönlichen Lebens, die im Krebs Gestalt annahm, wird aufgeopfert. Am Ende steht der Steinbock, der sich von der Welt des Stofflichen und Handgreiflichen lossagt und im Religiösen aufgeht.

Saturn

Wie jedem Zeichen entspricht auch dem Steinbock ein Planet. Es ist, wie nicht anders zu erwarten, der Saturn. Das mytholo-

gische Bild dieses dunklen Sterns enthüllt den unerbittlichen Gott der Zeit, den hageren Greis mit der Todessichel.

Mit denen, die selbstgefällig auf Materielles und auf Gefühle aus sind, geht Saturn nicht eben weichherzig um. Im übertragenen Sinne zerreißt er die Nabelschnur zwischen dem Kinde und der Mutter, der animalischen und irdischen Bindung. In seinem Zeichen stehen Bewährungs- und Zerreißproben, Wachstumskrisen, vom Mutterschoß bis zur Lebensentsagung des Greises — eine einzige Kette von Selbstaufgabe, Opfer, Entäußerung. Jedermann ist dem strengen Lebensgesetz unterworfen; andernfalls verharrt er in kindischem Unverstand. Ein Ja jedoch mündet in zähe menschliche Selbständigkeit; dann fließen ihm die Kräfte zu, deren er in jeder Altersstufe bedarf. Wenn Saturn zuschlägt, befreit er den Menschen aus dem Kerker der Leidenschaften, von den Ketten der Triebe. Als mächtigster Hebel zur Entfal-

Saturn
(aus dem „Calendrier des Bergers“)

tung löst er den Geist aus enger Ich-Befangenheit und vermittelt geläuterte Erkenntnis der Wirklichkeit, geistig-sittlichen Aufschwung.

Diese traditionelle Symbolik wird auch von der Wissenschaft nicht Lügen gestraft. Statistiken beweisen, daß Saturn bei der Geburt zahlreicher akademischer Lehrer und Priester mit ungewöhnlicher Häufigkeit aufging oder kulminierte. Diese Tatsache ist nicht mit Zufall zu erklären. Umgekehrt „floh" Saturn diese beiden entscheidenden Stellungen bei der Geburt erstaunlich vieler Maler. Saturn — das heißt: Abkehr von der Welt, Rückzug auf Selbsterkenntnis, Forschung, Meditation.

Man hat versucht, den durchschnittlichen Saturn-Typ mit den Stichworten zu umschreiben: Faltengesicht, Knochenleib, fahler Ausdruck, düsterer, verbitterter Charakter, Neigung zu Neurasthenie. Das ist ein lächerliches Zerrbild und Entstellung der Wahrheit. Immerhin: der Laie stellt sich einen „saturnischen" Dichter als verruchten Bösewicht vor, der in der Liebe geprellt worden ist. Gier gehört zum Wesen des Saturn, daran ist nicht zu rütteln. Alles liegt in ihr: Hungerleiderei, Geiz, Eifersucht, Ehrgeiz, Sammelwut und Bildungshunger — je nach der Neigung, die konkret vorherrscht. Zwei gegensätzliche Saturn-Typen sind denn auch zu unterscheiden: die einen drängen ihr Lebtag danach, ihre sinnlose Drangsal zu überwinden. Sie brüten allein über Gedanken an Erfolg und Gewinn. Rasendes Geltungsbedürfnis hat sie gepackt: nach Macht, nach Absolutem. Die andern dagegen fügen sich in ihr Mißgeschick und wählen den Weg des Verzichts.

Die eine Haltung schließt die andere nicht aus. Beide gehören zusammen wie der Tag und die Nacht.

Unter diesem doppelten Gesetz stehen die Steinbock-Menschen. Doch wäre es verkehrt, anzunehmen, sie seien zum Unheil, zu saturnischem Fluch verurteilt. Ihnen ist vielmehr ein Vorzug gewährt: die Distanz zum Irdischen, der Blick von oben herab und damit zwangsläufig auch weniger Schmerzen als andere Tierkreis-Typen.

Die Planeten im Zeichen

Einfache Steinbock-Konstellationen ergeben folgendes Bild:

Sonne und *Aszendent:* keine besondere Richtung des Zeichens, das sich im Reinzustand ausdrückt.

Mond	Mond (im Exil) ist äußerst geschwächt. Gefühlsabkühlung oder Trieb-Sublimation im sozialen Bereich. Triebnatur zurückgestaut, beherrscht oder fehlend (Voltaire). Bewirkt politisch tätige Frauen (u. a. Charlotte Corday).
Merkur	objektiver, logischer Verstand, bedeutendes Urteilsvermögen. Grundlagenforschung oder langfristige Ziele. Bringt (bei guten Aspekten!) Gelehrte und Philosophen (Kepler, Montesquieu) sowie Staatsmänner (Adenauer, Disraeli, Gladstone, Heinrich IV., Talleyrand, Wilson) hervor.
Venus	abgekühlte Erotik, Neigung zu Verinnerlichung, Zucht oder saturnischer Trauerstimmung (Musset, Utrillo, Simone Weil).
Mars	steht erhöht — entschiedener, harter und konstruktiver Charakter, gestählt in gesellschaftlichen Auseinandersetzungen. Drang nach großen Unternehmungen und langfristigen Aktionen (Poincaré, Pasteur, Savonarola).
Jupiter	Gesellschaftlicher Ehrgeiz, Machtwille, politisches Organisationstalent (Friedrich d. Gr., Hitler, Marx).
Saturn	Höchstmaß an Konzentration, Entäußerung, Abstraktion, hochzielender Ehrgeiz oder Verzicht (Kant, Mallarmé, Péguy, hl. Therese von Lisieux, Talleyrand).

Merkur — Jupiter — Venus — Saturn (Britisches Museum) >

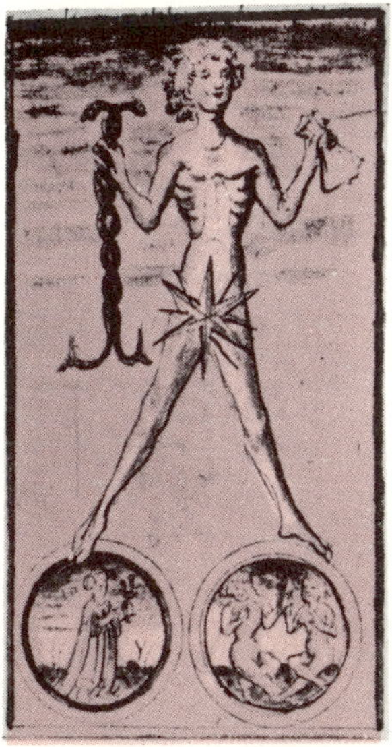
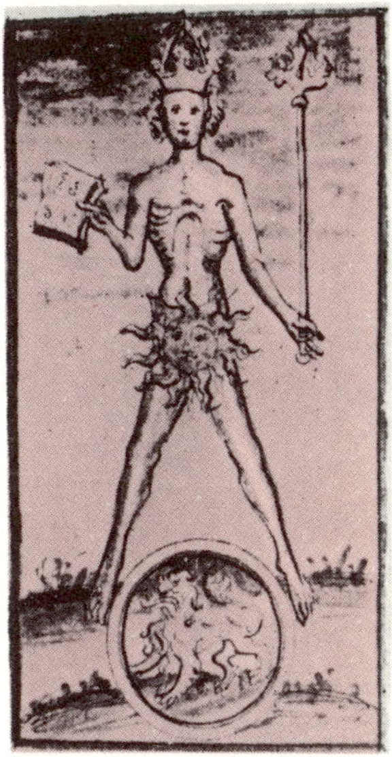
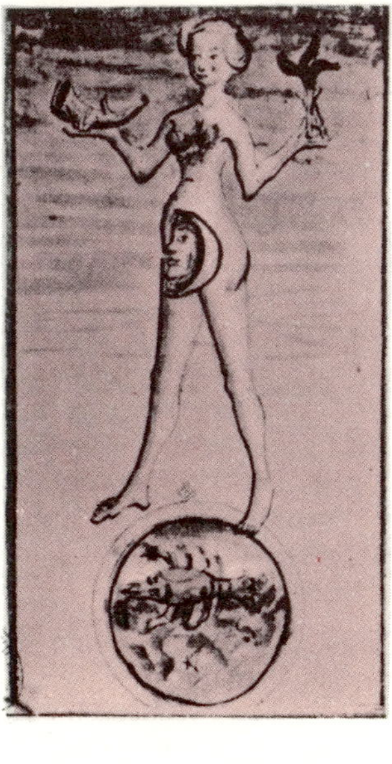
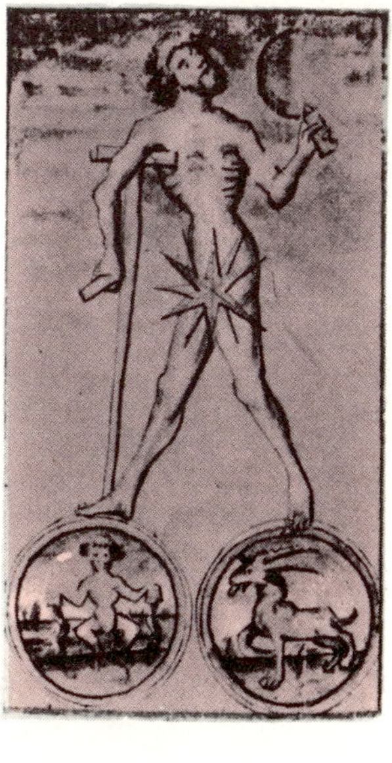

Zwiespältiger Saturn

Alle astrologischen Traditionen heben den zwiefachen Charakter des Steinbock-Zeichens hervor. Doppeltes Wesen verrät auch der Gott Pan. Die Mythologie weiß zu berichten, daß Pan am Ufer des Nil von Typhon, dem legendären Widersacher der Götter, angefallen wurde. Dieser Typhon entspricht Pans eigenem, niedrigerem Wesen. (Daher der lateinische Ausspruch: „Est Demon Deus inversus" — Der Dämon ist eine „umgekehrte" Gottheit.) Um Typhon zu entrinnen, flüchtet Pan in den Fluß und verwandelt sich in ein Amphibienwesen: in die Gestalt einer Ziege, die aus einem Fischleib herausragt.

Steinbock erweist sich als Schicksalszeichen, als Ausdruck eines kosmischen Widerstreites zweier großer Prinzipien: Gottes und Satans. Dieser Dualismus hat in vielen Religionssystemen seinen Niederschlag gefunden.

So kennt man auch den lateinischen Gott Janus, dessen doppeltes Angesicht in Vergangenheit und Zukunft schaut. Im Januar (Januarius) pflegten die Römer ihn zu verehren. In der Linken hielt er einen Schlüssel, „um das Jahr aufzumachen", in seiner Rechten eine Sense. Sie bedeutete: die Zeit zerstört, was sie selbst geschaffen hat.

Die alten Griechen erkannten im Steinbock das Symbol von der Unentrinnbarkeit vor dem Schicksal. Im Saturn findet dieses Steinbock-Prinzip seinen Ausdruck. Es bedeutet Zweifel und Angst vor übermächtigem Geschick. Es bedeutet auch strenge Gerechtigkeit, die ohne Ansehen der Person zuschlägt: jedermann erhält vom Schöpfer, was ihm zusteht. Nach dem

Gesetz, „nach dem er angetreten", hat der Mensch sein Schicksal zu erfüllen.

Auch im Mythos von Kronos-Saturn äußert sich Geist von Steinbocks Geist. Des Kronos Mutter Gaia (die Erde) war mit Uranos, dem Gott des Himmels, vermählt. Uranos war so sehr von Eifersucht gequält, daß ihm die Vorstellung, Gaia könnte zu andern Göttern Zuneigung empfinden, unerträglich war. Selbst die Mutterliebe mißgönnte er ihr. Schließlich stürzte er alle seine Kinder (die berühmten Titanen) in die Unterwelt. Einzig das jüngste Kind, Kronos-Saturn, vermochte diesem Geschick zu entrinnen. Er sann auf nichts anderes als auf Rache. Mutter Gaia bewaffnete ihn mit einer Sichel aus Feuerstein. Kronos überraschte seinen Vater Uranos im Schlafe und entmannte ihn erbarmungslos. Die Blutstropfen, die aus der Wunde flossen, fielen auf Mutter Erde, und sie gebar die drei Erinnyen (die Furien). Von diesem Augenblick an übernahm Kronos-Saturn die Macht als Himmelsvater. Doch auch ihm drohte das Schicksal: Mutter Gaia sagte ihm voraus, er werde denselben Tod wie sein Vater erleiden (Entthronung und Ermordung durch Sohneshand).

Allein, Kronos-Saturn meinte, er könne dem Schicksal trotzen. Daher verschlang er alljährlich die Kinder, die Rhea ihm gebar: zunächst Hestia, dann Demeter und Hera, darauf Hades und schließlich Poseidon. Als Rhea dem Saturn am Ende ihren dritten Sohn, den Zeus, gebar, ersann sie sich eine List, um ihn am Leben zu erhalten. Sie gab dem Saturn einen in Windeln gewickelten Stein, den er verschluckte und dabei wähnte, er verschlucke das Kind Zeus-Jupiter.

Der Rest ist bekannt: Jupiter überwältigte Saturn zusammen mit den Titanen. Eine andere Legende fügt bei: Rhea habe in den Honigtrunk des Saturn Senf und Salz gemischt, worauf dieser zuerst den Stein und dann die älteren Brüder und Schwestern des Zeus-Jupiter erbrach. (Das Bild vom Mythos der Zeit, in deren Schoß alle Dinge liegen und die früher oder später wieder ans Tageslicht kommen.)

Nach der Legende hatte Rhea den Zeus in einer Höhle im Ida-Gebirge auf Kreta verborgen. Dort wurde er von der Ziegennymphe Amaltheia gepflegt. Zeus war für ihre Güte dankbar, und als er Herr des Universums wurde, setzte er Amaltheias Bild — den Steinbock — unter die Sterne.

Saturn floh nach seinem Sturz nach Italien. Bei Janus fand er gastliche Aufnahme. Seither datiert jene Blütezeit, die alte Urkunden als Goldenes Zeitalter bezeichnen. Das Gedächtnis an jene Tage feierten die Römer in den Saturnalien. Auch sie machen den zwiefachen Aspekt Saturns deutlich: Klugheit und Tagesfron, in Einklang mit dem Schicksal, wirken Wunder und münden in Wohlstand. Jähe Katastrophen aber brechen aus, wenn Saturn einer haßerfüllten und rachelüsternen Absonderung verfällt.

Saturn, dessen dunkler Einfluß im Zeichen des Steinbocks vorherrscht, bedeutet immer Schicksal. Doch auch das Gegenstück fehlt nicht: die rechte Einsicht. Ist damit nicht auch die Astrologie tiefer begründet? Der Mensch sieht den Sinn seines Schicksals ein und spannt seine Kräfte an, ohne einen ungleichen und unnützen Kampf aufzunehmen. Steinbock birgt eine große Lehre:

Lebenswille muß im Einklang mit den gerechten Forderungen des Schicksals stehn. Sonst kommt ein Tag, an dem sich nichts mehr erzwingen läßt.

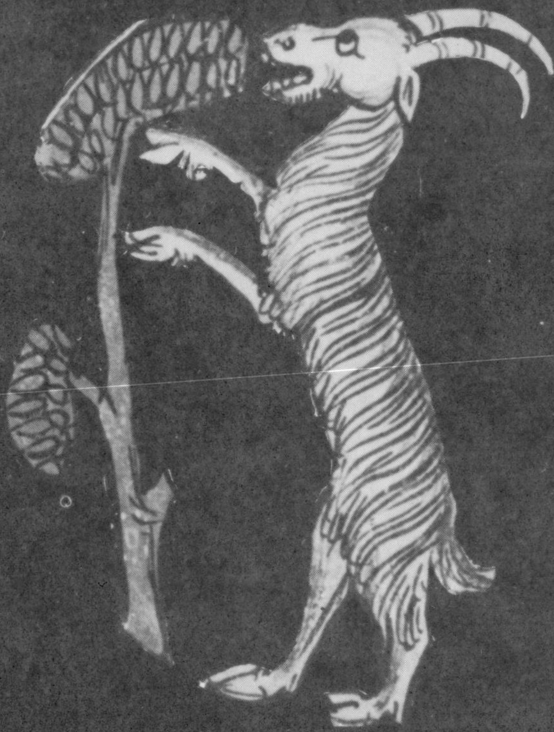

Psychologie | Der Drang nach Geltung

Der erste Eindruck, den man vom Steinbock gewinnt, ist — gar keiner. Erst bei näherer Betrachtung erfaßt man seine Besonderheit, seine Verhaltenheit, sein Stillschweigen, seine Distanziertheit: die Welt eines einsamen Kämpfers, ohne persönlichen Zauber, karg und einfach.

Dieser Eindruck gibt aber nur ein oberflächliches Bild des Steinbocks, dessen Tiefen für den Betrachter kaum auszuschöpfen sind.

„Kühl bis ans Herz hinan"

Gleich der vor Eiseskälte klirrenden Natur im Januar wirkt er „kühl bis ans Herz hinan". Er kennt nicht Lebenswärme noch Herzlichkeit. Der innere Persönlichkeitsaufbau bleibt verborgen. Zum vorneherein ist sein Lebensweg vorgezeichnet. Vom Rummelplatz des lauten Lebens hält er sich fern, er verliert sich nicht an Äußeres. Er lebt in sich selbst: durch Abstand, durch Verzicht, durch den Willen zum Wesentlichen. Flucht in die Welt lockt ihn nicht, er baut eine Abwehrfront auf. Nichts leichter und natürlicher, als sich zu isolieren, abzusondern, das ihm Gemäße aufzusuchen: die Einsamkeit. Aus dieser inneren Welt tritt er nur heraus, wenn Umstände ihn nötigen. Diese Abwendung von der Außenwelt zehrt an seinen Kräften. Sein „Lebensbudget" gegen außen hin ist denn auch beschränkt.

Selten vermag er zu faszinieren. Er unterläßt auch jeden Versuch, den Mangel an persönlicher Ausstrahlungskraft zu beheben. Das Licht seiner Verdienste steht unter dem Scheffel.

< Aus dem Bischöflichen Regelbuch des Pierre de la Jugie (Kathedrale St. Just in Narbonne)

Seine Vitalität ist nicht nach außen, nicht nach Äußerlichem gerichtet. Er ist ausgeprägt introvertiert.

Diese „Herzenskühle“ bedeutet nicht nur „Innenschau“. Sie äußert sich auch in geschwächter Triebnatur, in Gefühllosigkeit und Leidenschaftslosigkeit. „Ich bin für Gemütsbewegungen nicht geschaffen“, bekennt Paul Léautaud.

Gefühlshärte bezeichnet tatsächlich eine Dominante, ein vorherrschendes Merkmal der Steinbock-Natur. Er haßt Illusionen und sucht die Realität.

Triebhaftigkeit mag er nicht. Soweit sie befruchtende Lebenskraft bedeutet, steht er ihr fremd gegenüber. Seine Lebensimpulse sind gemäßigt, gedämpft durch ein Sicherheitssystem: Rückzugsstellung seines Verstandes und seiner Moral. Bändige er seinen Gefühlsüberschwang, so sei er gegen Lug und Trug gefeit — meint er.

Gewiß, er kann eine kalte Seele und ein kaltes Herz besitzen, Gefühlsleere und Sinneskälte. Meist aber ist die Frostigkeit nur Schein. Sie kann verkrampfte Überempfindlichkeit verdecken und schmerzliche innere Verwundbarkeit durch übermäßige Härte oder Kälte kompensieren. Dann steht ein Mensch vor uns, der sich mit seiner kühl-hochmütigen Verschlossenheit und übertriebenen Steifheit alle Sympathien verscherzt.

Ob Anlage von Natur aus oder Reaktion auf einmal erlittene Unbill, Gefühllosigkeit wirkt sich in beiden Fällen auf den Charakter in gleicher Weise aus. Was der Mensch an Gleichmaß, Besonnenheit und Gefaßtheit gewinnt, büßt er an Freude, Lebenskraft und Herzlichkeit ein. Wohl schützt ihn die Gemütsruhe, die ihn über nichts staunen läßt, bis zum Überdruß vor Wechselfällen des Lebens und vor der Unberechenbarkeit anderer Menschen. Seine starre Gelassenheit baut Dämme gegen fremde Einflüsse und bewahrt ihn zugleich davor, mit Menschen und Dingen einszuwerden.

Ein seltsames Wesen, das durch zähflüssigen Lebensrhythmus charakterisiert ist. Der Steinbock ist ja nicht nur „kühl“, son-

dern auch „langsam". Bedächtigkeit aber fördert die ohnehin angeborene Neigung zur Ruhe. Beim minderen Typ entartet sie in Schwerfälligkeit, Trägheit und Apathie. Beim höhern bildet sie den vortrefflichen Nährboden für Mäßigung, Ausdauer, Stetigkeit. Erst wenn Saturn seinen dunklen Schatten auf das Bild wirft, kann es trübe Züge annehmen: Schweigsamkeit, Verstocktheit, Einsamkeit, Pessimismus, Melancholie.

Ein „Fels"

Zum „kühlen Herzen" gesellt sich der andere Hauptwert: die „Trockenheit" Kein Wunder, daß der Steinbock seine kalten Qualitäten im wesentlichen als Spannung, Rückzug, spröde Selbstbehauptung erlebt. Keine Spur von haltloser Weichheit! Dieser Typ drängt oft genug den Vergleich mit Granit auf. In widrigen Umständen setzt sich keiner besser durch als er (zu-

sammen mit dem Skorpion). Gleich dem ins Erdreich gesenkten Saatkorn überwindet er mit geballter Kraft Hindernis um Hindernis.

Das genaue Gegenteil des Empfindsamen, verfügt er, dank seiner Herrschaft über die Gefühle, über ein starkes, zuweilen grobschlächtiges Kräftegleichgewicht. Es bewahrt ihn vor hastigen Lösungen, vor wirklichkeitsfremden Plänen. Daraus schöpft er auch seine Kaltblütigkeit, die Seelenstärke, große Verantwortung zu tragen. Nichts übereilt er, allmählich reift sein Entschluß. Dann aber klammert er sich hartnäckig daran, bis das Ziel winkt.

In gesammelter Aufmerksamkeit stellt er das Gleichgewicht her, das seine Natur gebieterisch heischt. Diesen Idealzustand gewinnt er in der Einsamkeit ungleich leichter als im Menschengewimmel, das seine Denk- und Arbeitsweise stört. Sein wahres Gesicht enthüllt er vor einer großen Aufgabe: dann gleicht er dem Felsen im Sturm, dann gebietet und imponiert er allen durch seine unerhörte Gelassenheit, dann stärkt seine Entschlossenheit den Mut der andern.

Dieser „kühle“ Typ ist nicht nur einem Felsen vergleichbar, er trägt auch viele Züge der „Erde“ im althergebrachten astrologischen Sinne: Schlichtheit, Erdenschwere, Festigkeit, Beständigkeit, Härte, Strenge. In entfernterem Zusammenhang entspricht ihm der schollenverbundene, arbeitsbesessene Bergler mit seinem Sinn fürs Handgreifliche, seiner Treue zu Freunden und seinem unversöhnlichen Haß gegen alle, die ihm einmal Unrecht angetan haben. Beide Wesenszüge sind zutreffend: der unerschütterliche Fels, an den man sich festklammert, und die festgegründete Erde, auf der man ausruht.

Der Phlegmatiker

Als Charaktertyp verkörpert der Steinbock den Phlegmatiker in ziemlich reiner Form.

Gemütsruhe schlägt rasch in Gefühlshärte, ja Gefühlsleere um. Hinzu kommt nun die typische Reaktion: der Steinbock reagiert langsam, doch tief. Mehr noch: er wählt aus, er sichtet äußere Reize. Seine erste Reaktion vor dem Leben und den Menschen ist die Frage: Worum geht es? Schwer dringt etwas ein, aber tief bleibt es verwurzelt.

Diese Impulsarmut hat ihre Vorteile. Der Steinbock widersteht dem Druck unmittelbarer Interessen und opfert sie weiterreichenden Überlegungen. Unendliche Geduld kann die Folge sein, gemischt mit kluger Vorsicht, berechnender Umsicht und dauerhaftem seelischem Verlaß. Rasche Umstellung und Anpassung an gewandelte Verhältnisse ist nicht sein Fall. Selten steht der Steinbock ganz vorne; lieber macht er sich so unentbehrlich, daß man ihn holt.

Daraus ergibt sich: ein stark nach innen gewendeter, ein introvertierter Mensch, der vor der Wirklichkeit zunächst zurückweicht, sie objektiviert und damit jeden persönlichen Be-

zug verhütet. Zugleich distanziert er sich innerlich von sich selbst, von seinen Trieben und Antrieben. Entpersönlichung geht einher mit einem Nein zur schöpferischen Phantasie. Sein Sinn steht nicht nach Lyrik. Seine Seele kennt weder Schreckgespenster noch Alpdruck noch Panik. Er räumt gleichsam seine Innenwelt aus und läßt nur herein, was gereifter Einsicht standhält. Ihm eignet der scharfe Geist des Logikers, des Juristen, des Philosophen, der in klare Begriffe faßt, was die Erfahrung ihm zuträgt. Er neigt auch zu einem Rationalismus, der zu blutarmer Systembildung verleitet.

In extremen Fällen wirft sich der Steinbock — in seiner phlegmatischen Ausprägung — der Apathie, der stumpfen Teilnahmslosigkeit in die Arme. Dann kann sich sein Charakter verdüstern: er lacht nie, spricht wenig. Melancholie ist die Grundstimmung. Umgekehrt ist auch gefahren: unter Uranus-

oder Mars-Einfluß kann auch das kühle Herz des Steinbocks „angeheizt“ werden.

Der Ehrgeizige

Mars im Steinbock — in diesem Zeichen erhöht! — leistet Machtwillen und Herrschlust Vorschub, drängt zum Kampf. Saturn, der „Herrscher“, verleiht dazu ruhigen Blick fürs Ganze und überlegene Taktik. Kann der Steinbock die Welt nicht lieben, so will er sie beherrschen. „Männer mit energischen, tiefen und verborgenen Leidenschaften, die nur starken Reizen gehorchen und die sich nur langsam in Bewegung setzen, deren Gefühle aber machtvoll und dauerhaft sind“, so umschreibt Clausewitz echte Führernaturen — Züge des Steinbocks! Beispiele sind Mazarin, Talleyrand, Hindenburg, Stalin. In der Übersteigerung freilich entartet dieser Machtwille zu politischer Tyrannei, zu Willkürherrschaft, zum Fanatismus einer unnachgiebigen Orthodoxie, zu unduldsamer Scheinheiligkeit, zu Händelsucht in der Ehe.

Der Mensch der Entsagung

Der Weg verläuft oft auch umgekehrt: nach innen, zu Selbstentäußerung, zu Verzicht auf materiellen Besitz und äußere Leistungen. Mars verleiht Schwung und Eroberungsdrang — Saturn staut jeden Ehrgeiz zurück. Nach außen bietet sich das Bild heiterer Gelassenheit. Dabei quält den Menschen ein Minderwertigkeitskomplex. Er flieht das praktische Leben.

Diese Lebensflucht entspricht dem üblen Steinbock-Charakter, seiner krankhaften Abart. Innere Widersprüche sind dabei nicht ausgeschlossen: voll neidischer Sehnsucht und zugleich mit größter Verachtung, in der Pose des ehrgeizig-einsamen Unverstandenen, blickt er auf die Welt herab.

Echte innere Heiterkeit im Steinbock ist dennoch nicht zu bestreiten. Demütig reißen diese Menschen sich von der Welt los — doch stets voll inneren Ehrgeizes: sie wollen emporklimmen im Geiste, sie zielen nach höchsten Werten, nach vollkommener asketischer Herrschaft über sich selbst.

Wo liegen die Grenzen zwischen Ehrgeiz und Selbstlosigkeit? Die Extreme schließen sich nicht aus. Klarstes Beispiel bietet Kaiser Karl V. (Mond und Steinbock-Aszendent mit Saturn-Trigon in der Himmelstiefe): in ungeheurem Ehrgeiz strebte er sein Leben lang nach einer Universalmonarchie, dankte dann aber ab, um seine Tage im Kloster zu beenden.

„Geist der Geometrie“

Die Vorteile einer herzenskühlen Natur für innere Ruhe und klaren Geist liegen offen zutage: leidenschaftslose, unparteiische Beobachtung, objektive Erkenntnis der Wirklichkeit von höherer Warte aus. Distanz freilich entfremdet den Dingen.

Doch mehr noch: dem Steinbock hat es der „Geist der Geometrie“, der Sinn fürs Präzise, angetan. Unangefochtene

Werte, unwandelbare Grundlagen — auf ihnen ruht er aus. Gewißheit bedeutet ihm Lebensnotwendigkeit. In der Politik stützt er sich mit Vorliebe auf in aller Form unterzeichnete und ratifizierte Texte. Abstrakte Kenntnisse sind seine Stärke, exakte Wissenschaften, Mathematik, Technik, Philosophie oder Metaphysik. Doch die Gefahren sind nicht zu übersehen: am Ende steht die Freude an fugenloser Ordnung höher als die fraglose Freude an der Wirklichkeit, steht Systemwut über Wahrheitssuche. Bei allzu steifköpfiger Intelligenz ist sturer Dogmatismus nicht ausgeschlossen. Engherziger Materialismus — dies als das andere Extrem — schwört allein auf das Handgreifliche. So oder anders: abstrakte, blutarme Wortklauberei kann jede echte Beziehung zur Wirklichkeit zerreißen.

Dieses Dokument und die vorangehenden stammen aus „En la Terre Froide“, einem Reisebericht von Theodoros de Bry

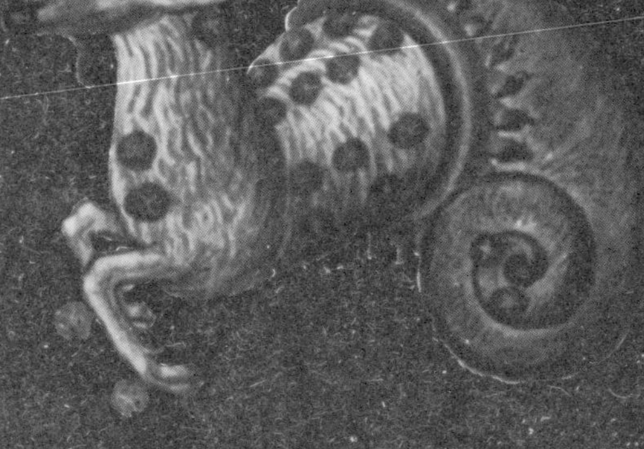

Die Gestalt

Im Reinzustand müßte das Symbol des Steinbocks sich eigentlich in gewisser Analogie zur Physiognomie ausdrücken: leicht in die Länge gezogenes Gesicht, zumal die untere Partie, im Profil rundlich, mit leicht gewölbter Stirne und mit aufgeworfenen Lippen.

Dieser Typ kommt zwar bei ausgeprägten Steinbock-Typen (bei Heinrich IV., bei Romain Rolland und bei dem Politiker Antoine Pinay) recht häufig vor, dennoch stellt er, aufs Ganze gesehen, nur eine verschwindend geringe Minderheit dar.

Das kennzeichnende „Familien-Gepräge“ verleiht viel eher Saturn. Die allgemeinen Stichworte: nervöses, kühles und „trockenes“ Temperament, oft untersetzte oder magere Gestalt, knochig, längliche Formen. Das Gesicht wirkt auf den ersten Blick eher verkürzt und faltig; die Nasenflügel schmal, die Lippen dünn und geschlossen, vielleicht sogar verkniffen, die Stirne runzlig, der Blick tief oder sorgenvoll.

Doch Saturn, der „Herrscher“ des Zeichens, kennt auch seine Schönheit: markant, persönlich, charakteristisch in der Form von Nase und Kinn, Augenbrauen und Stirnbogen. Typische Beispiele sind Karl V., Mazarin, Cézanne, Utrillo, Elisabeth II. von England. Ohne Saturn-Einfluß wirkt der Steinbock erdgebunden, massig und bauernhaft-bodenständig.

< Detail aus einer flandrischen Darstellung der Tierkreiszeichen. Miniatur

Gang und Mimik

Gleich einem Bergler tritt er auf, ohne innere Hast, ohne Geziertheit, in einer Sicherheit, die nur schwer zu erschüttern ist — mag auch Saturn grundsätzlich unzierlich-reizlose, ja ungeschlacht-linkische Bewegungen bewirken. Dazu gesellt sich ein unnahbarer, etwas eisiger Blick, ein bärenhaft-plumpes Auftreten, doch meist nur aus Zurückhaltung oder aus schlecht verhehlter Schüchternheit.

Sein schlichtes, ungeziertes Wesen, dessen Stimmung stets gleich bleibt, setzt sich nur allmählich durch. Denn der Steinbock verabscheut Effekthascherei und hochtrabendes Getue. Seine Mimik, sein Gesichtsausdruck, beschränkt sich auf das Wesentliche: einige schlichte Worte, ein schweigender Blick, eine schmucklose, zuweilen trockene Gebärde, nichts weiter. Er ist nicht der Mensch der Überschwenglichkeiten, der leicht hingezauberten Gefälligkeiten, der glänzenden Gesten aus dem Stegreif. Man achtet

Joffre

ihn, man respektiert ihn ohne sein Zutun. Manchmal zögernd, meist aber kurz ist sein Händedruck, gleichmäßig und bedachtsam seine Stimme, gemächlich sein Redefluß. Seine allgemeine Haltung strahlt ruhig-besonnene innere Zucht aus — wenn nicht saturnische Steifheit im Spiele ist.

Gesundheit

Ungeachtet seines nervösen, dabei kühlen Temperaments verfügt der Steinbock über einen Körper, der ungleich widerstandsfähiger ist, als der äußere Anschein es vermuten läßt. Er ist aus solidem Holz gezimmert.

Gleich den andern Erdzeichen — Stier und Jungfrau — schöpft er aus der Erde immer neue Kraft. Ohne Schaden erträgt er die Nervenbelastung des Alltags. Doch sein „geometrischer Geist", sein Hang zu peinlicher Genauigkeit, findet eine Parallele in der Gesundheit: im Gegensatz zur Steinbock-Frau ist der Steinbock-Mann sich seiner Gesundheit nicht bewußt; seiner Körperlichkeit steht er distanziert gegenüber. Erst wenn alle Krankheitsanzeichen sich unmißverständlich geltend machen, spürt er die drohende, verhängnisvolle Entwicklung.

Im späteren Leben machen sich Fehler aus Kindheitstagen bemerkbar. Abstinenz, Enthaltsamkeit, allzu asketische Ernährung sind oft die Ursache von Mangelkrankheiten. In späteren Jahren schlägt gewollte Kargheit in Heißhunger und Eßlust um: Greise, die bisher frugal gelebt hatten, werden plötzlich von maßloser Gefräßigkeit gepackt — zum Schaden für ihre Gesundheit.

Feuchtigkeit und Kälte können zu den schlimmsten Feinden des Steinbockes werden. Angesichts seiner großen Anfälligkeit für äußere Einflüsse neigt er dazu, hinter allem die schwere Hand des Schicksals zu wittern. Man spricht dann von einer Art Neurose, in der alles und jedes immer wiedergekäut wird, in der man mit dem Schicksal hadert. Weder Psychiatrie noch die Medizin, die allein die Symptome berücksichtigt, richten da viel aus. Der Steinbock kennt nun einmal seine Unbill und seine Heimsuchungen und schildert sie mit dem Anschein unwiderleglicher Logik. Einzig eine diskrete, doch unablässige Behandlung, die darauf abzielt, Innenleben und Glückserwartungen von außen her schrittweise in Einklang zu bringen, vermag zu vollständiger Heilung von Leib und Seele zu führen.

Kleidung

Die Steinbock-Frau kleidet sich schlicht, nüchtern und sparsam. Ihr Schönheitssinn kennt weder Grillen noch Flitter noch Schnörkel. Sie schätzt zweckmäßige Toiletten mit gedämpften Farbtönen und sachlicher Eleganz. Für Schmuck stürzt sie sich nicht in riesige Unkosten.

Mazarin im Palais-Royal

Überwiegt jedoch Saturn-Einfluß, dann ändert sich das Bild: Königin Elisabeth I., die sich in Jugendjahren in grobgrauen Wollstoff hüllte, entfaltete in späteren Jahren Prunk und maßlosen Luxus — gleichsam als hätte sie eine körperliche Anomalie zu verbergen. Allzu ausgeprägten Saturn-Steinbock-Typen mangelt es an gutem persönlichem Geschmack. Stets rennen sie hinter der jeweils neuesten Mode her. Dabei wirken sie gar nicht gefallsüchtig, sie unterstreichen auch ihre Weiblichkeit nicht besonders.

Wenig Wert auf sein Äußeres legt der Steinbock-Mann, es sei denn aus kalter Berechnung oder aus zielbewußtem Ehrgeiz. Im allgemeinen wirkt seine Kleidung kalt und streng. Er begnügt sich mit streng-korrekten Alltagsanzügen.

Elisabeth I.
von England

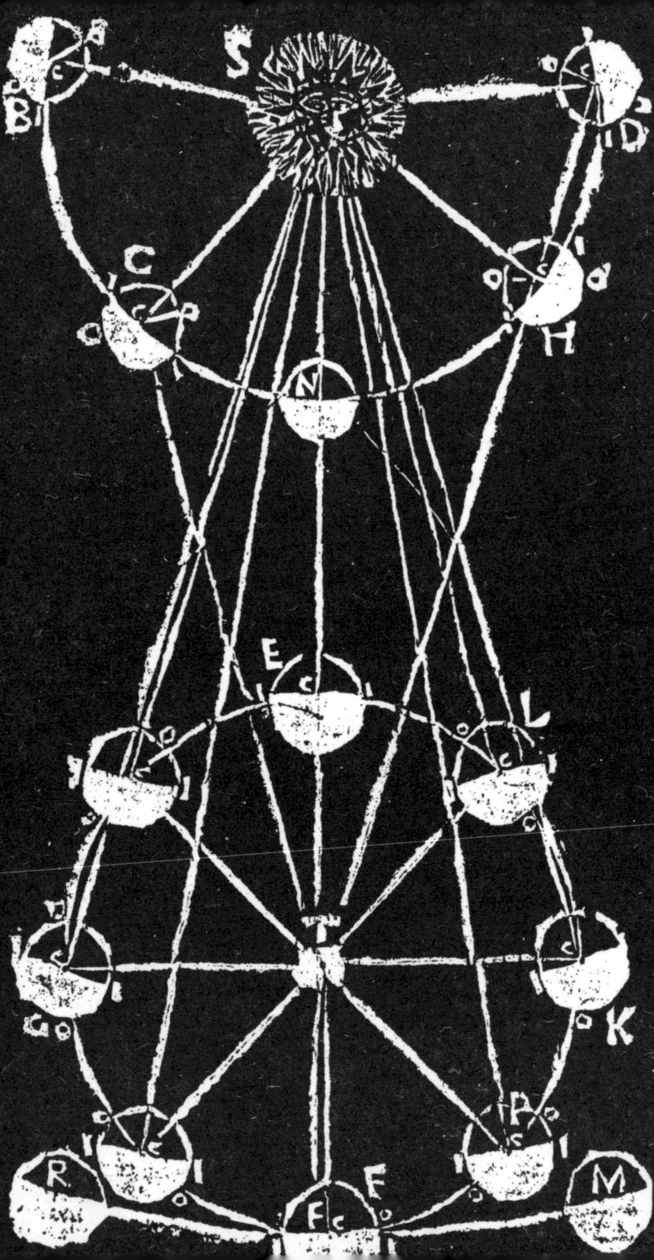
S
B
D
C
H
N
E
L
K
P
R
F
M

Gemischte Steinbock-Typen

Wir kennen unser Sonnenzeichen. Aus dem Anhang ersehen wir unser Aszendent-Zeichen. Die Eigenschaften beider Zeichen lassen sich in eine persönliche Schicksalsformel fassen.

Steinbock – Widder

Aszendent Steinbock und Sonne im Widder
oder
Sonne im Steinbock und Aszendent im Widder

Der krasse Widerspruch zwischen dem kühlen Zeichen der Konzentration und dem heißen, ja explosiven Zeichen führt meist zu einem inneren Zwiespalt: abwechslungsweise nachdenklich, bedachtsam, selbstlos und handkehrum impulsiv, triebhaft, leidenschaftlich, stürmisch. Beide Aspekte einer solchen Persönlichkeit können von einem harten und strengen Willen gebändigt werden. Mit Halbheiten und Kompromissen oder mit Mittelmäßigkeit gibt sich der Mensch nicht zufrieden; ein gewisser Fanatismus ist unverkennbar (Savonarola).

Steinbock – Stier

Aszendent Steinbock und Sonne im Stier
oder
Sonne im Steinbock und Aszendent im Stier

Die beiden Erdzeichen, gegenseitig gestärkt, verleihen dem Menschen eine gewisse Derbheit und eine starke Kraft zur Konzentration. Arbeitsam, beharrlich. Er läßt das Ziel nicht aus den Augen und will es um jeden Preis erringen (Stalin).

< Aus einer Darstellung der Himmelseinflüsse (1660)

Steinbock – Zwillinge *Aszendent Steinbock und Sonne in den Zwillingen*
oder
Sonne im Steinbock und Aszendent in den Zwillingen

Zwei Seelen in der Brust, einander fremd, doch nicht unbedingt im Widerstreit. Die eine zuchtvoll, streng, ernst, stetig, entschieden, die andere jugendlich-anpassungsfähig und leicht-beweglich. Beide zusammen können geschmeidigen Ehrgeiz und bedeutende Gewandtheit ergeben (Talleyrand).

Steinbock – Krebs *Aszendent Steinbock und Sonne im Krebs*
oder
Sonne im Steinbock und Aszendent im Krebs

Zwei Seelenkräfte im Widerstreit: die eine unempfindlich, gemütskühl, konzentriert, streng, die andere leicht erregbar, zärtlichkeitshungrig, zerbrechlich, kindlich. Daraus ergibt sich ein tiefes, doch gequältes Innenleben, das zwischen Ernst und Laune, Schwerfälligkeit und Anmut schwankt. Trotz diesem Zwiespalt bleibt der Mensch seinem Geschmack und seinem Beruf treu (Leopardi, Simone Weil).

Steinbock – Löwe *Aszendent Steinbock und Sonne im Löwen*
oder
Sonne im Steinbock und Aszendent im Löwen

Zum kaltberechnenden Geltungsdrang des Zeichens gesellt sich der freimütig-expansive Ehrgeiz des Löwen. Der Mensch will höher klimmen, die soziale Stufenleiter empor, zu Macht und Verantwortung. Prestigebedürfnis geht einher mit Leistungsfähigkeit. Für langfristige, große Pläne, für eine überragende Leidenschaft werden alle Kräfte angespannt (Marlene Dietrich, Raymond Poincaré).

Steinbock – Jungfrau *Aszendent Steinbock und Sonne in der Jungfrau*
oder
Sonne im Steinbock und Aszendent in der Jungfrau

Drang zu schlichtem, arbeitserfülltem Leben. Dennoch gebieterischer Ehrgeiz und Wille zu Verantwortung. Diszipliniert, asketisch, streng, gewissenhaft, unerbittlich, anspruchsvoll, unnachgiebig. Klarer Kopf und entschiedene Zielsetzung für das ganze Leben.

Steinbock – Waage *Aszendent Steinbock und Sonne in der Waage*
oder
Sonne im Steinbock und Aszendent in der Waage

Innere Disharmonie. Meist ernst, tief, ehrgeizig, zuchtvoll und vorausblickend — daneben leichtfertig, oberflächlich und auf rein weltliche Genüsse ausgerichtet. Der höhere Typ verbindet beides zu geschicktem Opportunismus (König Heinrich IV.).

Steinbock – Skorpion *Aszendent Steinbock und Sonne im Skorpion*
oder
Sonne im Steinbock und Aszendent im Skorpion

Leidenschaftlicher Wille zur Tat. Angesichts der inneren oder äußeren Tragik wählt der Mensch entweder den Weg bewußter Überwindung der eigenen Dämonen (Introversion) oder der schweren Auseinandersetzung mit der Umwelt (Extraversion). (In diesem Sinne: Cézanne, Malraux, Rodin.)

Steinbock – Schütze

Aszendent Steinbock und Sonne im Schützen
oder
Sonne im Steinbock und Aszendent im Schützen

Der Ehrgeiz des Steinbocks richtet sich entweder auf sozialen Aufstieg, oder er strebt nach geistigen Zielen. Dieser Mensch muß sich leidenschaftlich für einen einzigen Sinn seines Lebens einsetzen können (Kipling).

Steinbock – Wassermann

Aszendent Steinbock und Sonne im Wassermann
oder
Sonne im Steinbock und Aszendent im Wassermann

Zwei „Winter-Zeichen". Die saturnische Kraft der Verinnerlichung, der Kälte, der Konzentration herrscht vor. Der Geist wendet sich der Grundlagenforschung zu; der Wille gilt einem unpersönlichen Ziel. Neigung zu Verzicht, Selbstlosigkeit, Weisheit (Montesquieu, Wilson).

Steinbock – Fische

Aszendent Steinbock und Sonne in den Fischen
oder
Sonne im Steinbock und Aszendent in den Fischen

Zwei verschiedene Welten ohne gemeinsamen Nenner: streng und zugleich weich, zielgerichtet und zugleich grenzenlos. Doch kann sich der Steinbock auch positiv auf die „Unergründlichkeit" und die „Mystik", die den Fischen zugeschrieben wird, auswirken (Bach, Karl V.).

Aus den „Ephemerides caelestium" von Maginus (Frankfurt 1604) >

Figura ipsius Eclipsis.

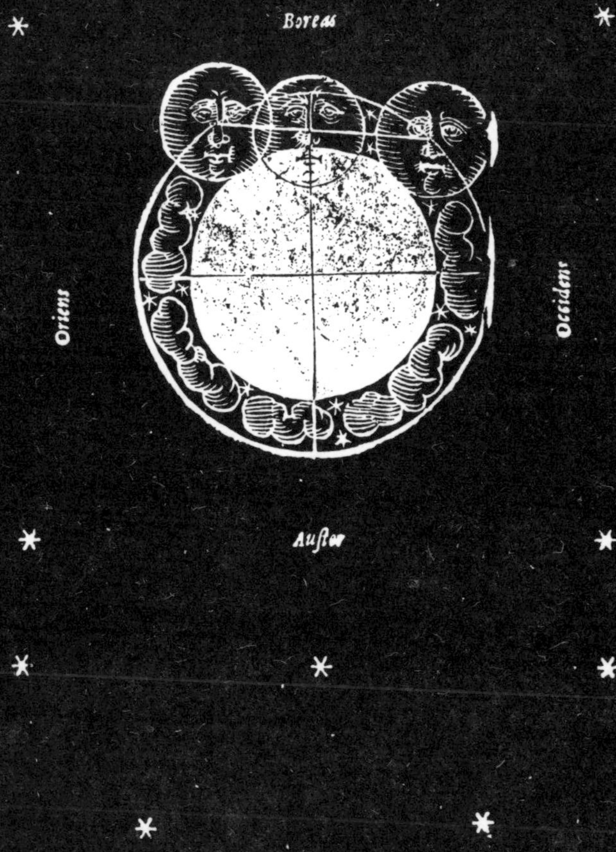

DIE

ERSCHEINUNG

Der Steinbock | und die anderen Zeichen

Steinbock und *Widder*

Zusammenprall konzentrierter Kühle und intensiver Wärme. Ein Gespräch fällt schwer, der Konflikt scheint unvermeidlich.

Steinbock und *Stier*

zuverlässige Verbindung zu dauerhaftem Unternehmen.

Steinbock und *Zwillinge*

geringe Ähnlichkeit, Kontakt schwierig. Grußlos, verständnislos gehen sie aneinander vorbei. In positiven Fällen: gegenseitiger Nutzen.

Steinbock und *Krebs*

unversöhnlicher Gegensatz. Gefühlskälte und Überempfindlichkeit — nur schwerlich eine Verständigung!

Steinbock und *Löwe*

gegenseitig wetteifernder Ehrgeiz. Der eine strebt nach dunkler Ferne, der andere nach sichtbarer Nähe. Bei gegenseitigem Verständnis kommen sie weit.

Steinbock und *Jungfrau*

Gemeinsamkeit eines zuchtvollen Charakters und des Sinns für Organisation und Vernünftigkeit. Sie sind geschaffen für erfolgreiche gemeinsame Arbeit.

Steinbock und *Waage*

nicht ausgesprochen günstige Verbindung. Der eine ist zu verschlossen und zu schweigsam, der andere zu offenherzig und zu mitteilsam. Gilt der eine als unfreundlich, so der andere als oberflächlich.

Steinbock und *Skorpion*

Vereinigung beidseitiger Gestaltungskraft, wenn nicht der Kampf um die Autorität in die Quere kommt.

Steinbock und *Schütze*

nicht unmittelbar ein erfreulicher Kontakt. Dennoch nützliche Ergänzung auf Gegenseitigkeit. Langfristige Planung.

Steinbock und *Wassermann*

Ähnlichkeit dank der Saturnkraft der Selbstentäußerung und des Verzichts — stets auf der Suche nach dem Wesentlichen.

Steinbock und *Fisch*

Möglichkeit gegenseitigen Verständnisses im Opfersinn, mag auch der eine zu „trocken" und der andere zu „wässerig" scheinen.

Diese knappen Stichwortangaben bieten einzig einen allgemeinen Überblick. Über die konkreten Steinbock-Verbindungen sagen sie nichts aus.

Die Angst vor der Liebe

Der Steinbock ist kein „verliebtes" Zeichen. Hier herrscht nicht nur der ernste und düstere Saturn, der die Venus beeinträchtigt, hier steht auch der Mond im „Exil". Die weiblichen Planetenkräfte finden sich nicht zurecht. Steinbock ist denn auch das „liebesfremdeste" Zeichen. Wer von ihm geprägt ist, strebt im Leben weniger nach Liebe oder nach Geliebtwerden, als vielmehr nach Macht.

Wie steht es denn um das Herz des Steinbocks? Es ist das verschlossenste und zurückhaltendste, das sich denken läßt.

Wir wissen bereits: schon in frühen Jahren begann der Willenskampf gegen das Triebleben, das Streben nach vollkommener Selbstbeherrschung, nach dem „jenseits von Freud und Leid". Er mag nicht einmal andere fesseln, Gefallen erregen oder Freude machen. Er steht ja den eigenen Gefühlen mitleidlos gegenüber: er neigt zu freiwilliger Askese, er unterdrückt sein Gefühlsleben. Seine natürliche Bestimmung ist das Zölibat, die Ehelosigkeit. Ihm macht es nichts aus, allein und einsam zu leben. Sein Leben zu teilen — der Gedanke verlockt ihn nicht. Dennoch kann er in späteren Jahren eine Ehe eingehen. Eine Vernunft- und Interessen-Heirat, gleich einem Geschäftsvertrag. So schließt er sie in seine Pläne ein, als Episode zu ehrgeizigem Aufstieg.

Es wäre aber unrichtig, alle Steinbock-Menschen über den gleichen Leisten zu schlagen. Es gibt die „vollkommene Kälte", vergleichbar der Gefühlsstärke einer fernen, schlafenden Prinzessin. Ein solcher Mensch verliert den Kopf nicht und emp-

< Aus dem „Calendrier des Bergers" (1496)

findet nicht die geringste Leidenschaft: kühler Kopf, trockenes Herz. Von Verliebtheit keine Spur.

Daneben aber kennt man den Steinbock der „kalten Leidenschaft“. Wie sein Verwandter im gleichen Zeichen verschmäht er holden Liebeswahn und scheint ungesellig, empfindungslos, abwesend. Doch das ist nur äußerer Schein, unter dem Eis lodert der Brand. Keine seiner Wogen der Erregung dringt nach außen. Schamgefühl verbietet ihm, sein Herz auszuschütten. Er läßt sich niemals gehen. Rauhe Schale birgt zarte Empfindsamkeit, äußere Ruhe inneren Sturm. Eine Wand steht zwischen seinem Liebesfeuer und seinem Liebesbann. Seine Angst vor der Liebe knebelt seine Lust zur Liebe. Er möchte um jeden Preis — und weicht zurück. Er schreitet durch eine Hölle der Extreme: Hemmung und Liebesraserei, Gleichgültigkeit und Eifersucht, Verzicht und Ausschweifung, Schamhaftigkeit und Liebestollheit. Kann er auch lange Zeit der Liebe entbehren, eines Tages reißt ihn eine zerstörerische Leidenschaft mit sich fort.

Ob „völlig kalt“ oder „kalt-leidenschaftlich“, der Steinbock kennt zwei Gründe zu Gefühlsbeherrschung, zu scheinbarer Gefühllosigkeit. Bei dem einen erstirbt die Liebe unter maßloser Selbstsucht; egozentrisch wie er ist, steht er sich selbst zu nahe, ist er von sich selbt zu sehr erfüllt, als daß er in seiner persönlichen Welt noch andern einen Raum gönnen würde. Bei dem andern ist die Gefühllosigkeit eigentlich nur Ausdruck einer Entpersönlichung: er steht sich zu ferne, um zu lieben, ist allzu sehr mit Abstraktem beschäftigt. Im Dienste einer unpersönlichen Aufgabe, die ihn dem Gemüt entfremdet, vergißt er sich — gleich dem Gelehrten, der einzig an seine Experimente denkt, oder dem Ehrgeizigen, der unentwegt einem Ziel entgegenlechzt.

Welches auch die besondere Färbung des Steinbock-Typs sein mag, sein Liebesleben trägt ein ganz klares Gepräge. Er verliebt sich nicht leicht. Sobald das Liebesgefühl erwacht, setzt seine Gegenwehr ein. Er versucht sich zu entziehen, er wägt ab — moralisch und verstandesmäßig. Aber allmählich bricht das Gefühl durch und dringt unaufhaltsam in seine Gewohnheiten ein. Damit ihn die Liebe nicht übermäßig ablenke, bindet sich der Steinbock dann gerne an eine Gefährtin oder Partnerin, die den gleichen Beruf ausübt, die gleiche Bildung besitzt, mit den gleichen Menschen verkehrt. Damit schwindet ganz allmählich sein Widerstand gegen die Liebe.

Der Mann

Wenige Männer lassen „saturnischer“ Leidenschaft freien Lauf. Sie gilt ihnen als Liebes-Krankheit, die sie entschieden von sich weisen. Allerdings kann sich der Steinbock-Mann, sofern er narzißtischer Selbstbetrachtung überdrüssig ist, der Liebe ergeben, um seiner Einsamkeit zu entfliehen.

Der Steinbock ist der kühlste aller Männer. Im äußersten Falle wird er zu einem Weiberfeind, der schon mit zwanzig Jahren ein alter Hagestolz ist. Jedenfalls hält er sich die Frau vom Leibe — je nach dem Grade seiner Gefühlskälte. Auch wenn er sich zum schönen Geschlecht hingezogen fühlt, so spürt er doch keine übermächtige Zaubergewalt. Es ergeht ihm wie Montesquieu: „Die Weiber sind doch ein lächerliches Geschlecht! Auch bei den hübschesten Frauen gibt es Tage, an denen ich sie sehe, wie sie einst sein werden: alt und häßlich . . .“ Solcher Vorsichtsmaßnahmen bedarf es meist gar nicht. Automatisch-instinktiv ist die Abwehr: schüchtern, linkisch, schamhaft, sittenstreng. Mit einem Wort: der Steinbock hat vor den Frauen Angst. Man denke an Cézanne: vor einem weiblichen Modell, auch dem

bekleideten, fühlte er sich stets höchst unbehaglich. Nur eine alte, häßliche Magd wählte er als Modell. Ähnlich der tugendsame Saint-Simon, der beim Anblick eines Frauenbeines jeweils außer Rand und Band geriet.

Recht spät setzt das Liebesleben des Steinbocks ein. Seine wohltemperierte Liebe kommt ohne große Gesten aus, seine Sinnenhaftigkeit ist nicht fordernd. Er begehrt nach ruhigem Glück. Er verbindet sich gern mit einer älteren, jedenfalls reiferen Frau — ohne die weiblichen Launen und Grillen, die er nicht versteht. Er liebt eine Frau, die Ordnung ins Haus bringt und die zu sparen versteht. Ihn verlangt es nach stillen Abenden um die heimische Lampe. Selten winken Vergnügungen. Das Leben wirkt eintönig. Es gilt ja, Versuchungen zu fliehen, Leidenschaften zu unterdrücken — im Dienste eines reichen Innenlebens.

Der Steinbock darf das Verdienst eines seriösen Ehemannes und treuen Gatten beanspruchen, der weder Abenteuer noch Scheidung kennt. Sein klarer Lebenskurs verheißt Ruhe in sicherer Stellung. Wie der Wein ist seine Zuneigung: mit der Zeit wird sie immer köstlicher. War er mit zwanzig ein armseliger Liebhaber, so hat er bis zum sechzigsten Lebensjahr manches hinzugelernt. Mit einem solchen Menschen feiert man silberne und goldene Hochzeit. Im Alter ist er der Frau die sicherste Stütze.

Die Frau

Gleich wie der Mann, versagt sich auch die Steinbock-Frau die natürliche Sinnenhaftigkeit. Wird diese Tierkreis-Signatur noch verschärft durch disharmonischen Saturn mit übler Mond- oder Venus-Herrschaft (oder beiden), so wird sie die „Frau ohne Herz", trocken, spröde, ehelos, verbittert. Schließt sie dennoch eine reine Interessenehe, so verhält sie sich in den Armen ihres Mannes kalt und unbeteiligt.

Freilich nur in ungünstiger Sternkonstellation! Und doch: nicht selten bleibt die Steinbock-Frau — trotz einer gewissen

Sinnenfreude — unverheiratet. Eindeutiges Beispiel: die (zumindest nach ihrem Horoskop) „jungfräuliche Königin“ Elisabeth I. von England (Sonne in der Jungfrau, Aszendent im Steinbock, Saturn im „Haus der Verbindungen“), die zugab: „Könnte ich der Neigung meines Herzens folgen, dann zöge ich es vor, statt Königin und verheiratet eine Bettlerin und ledig zu sein.“

Sinnliche Triebhaftigkeit, die andere Frauen zu Flatterhaftigkeit, Flirt verleitet, vermag die Steinbock-Frau wie keine sonst zu beherrschen. Unerschütterlich in ihrer Grundstimmung, handelt sie logisch und huldigt in ihrem Verhalten und in ihren Anschauungen der Vernunft. Fest ist ihr Wille begründet, beachtlich ihre Selbstzucht. Besser als jede andere Frau versteht sie es, ein selbständiges Leben zu führen und Beruf und Stellung in die Mitte ihrer Interessen zu stellen. Das Intime opfert sie dem Sachlichen und dem Sozialen: aus echter Berufung, aus tiefer Hingabe an große Ideale oder aus reinem Sendungsbewußtsein. Typische Beispiele sind: die Pompadour, die hl. Therese von Lisieux (Konjunktion Sonne-Saturn im Zeichen) und einige politisch tätige Frauen, die der Steinbock-Mond geprägt hat, darunter Charlotte Corday (Konjunktion Mond-Saturn-Pluto im Zeichen).

Für eine solche Natur darf die Ehe den Geltungsdrang nicht vereiteln. Sie lockt der Mythos vom heimischen Herd nicht im geringsten. Ihre Kinder übergibt sie Nachbarn, um in der Berufsausübung nicht behindert zu sein.

Auch ein „stellvertretender“ Ehrgeiz ist denkbar: die Frau setzt alle gesellschaftlichen Hoffnungen in die Karriere ihres Mannes und identifiziert sich mit ihm. Sie drängt den Gatten, so weit als nur möglich, hartnäckig ins Rampenlicht.

In allen Fällen aber gilt sie als zuverlässige und gewissenhafte Ehefrau. Still und treu bleibt ihre Zuneigung.

Ihre Probleme

Als wichtigstes Lebensproblem des *disharmonischen* Steinbocks beiderlei Geschlechts erweist sich das „kühle Herz“.

Am Anfang steht die Angst vor Leiden und Schmerz ob verschmähter Liebe. Hinzu kommt tiefes Mißtrauen aus lauter Zweifel am eigenen Wert und damit ein „Aschenbrödel-Komplex“, der sich in den abwehrenden Worten äußert: „Ich bin es nicht wert, daß man mich liebt“.

Solche Verkrampfung kann zu Spätehen führen oder eine Liebe überhaupt verhindern.

Zuvorderst steht die Gefahr einer „Flucht vor der Liebe“. Es ist bequem, Distanz zu üben und Intimität zu fliehen durch aufreibende Arbeit oder geistige Passion. Wenn nicht Flucht in die Arbeit, dann Flucht in die Krankheit, die vieles entschuldigen soll. Unbewußte oder leibseelische Alibis verschleiern oft das Unbehagen vor der eigenen Sexualität oder ein Versagen in ihr. Sie ist der neuralgische Punkt des Steinbocks. Die Gefahr heißt allemal: zuwenig und falsch zu lieben, sich zu verweigern, sich zurückzuziehen in ein langes Schweigen.

Darstellung des Tierkreises, russische Volkskunst >

Die Zelle des Mönchs

Berufsrichtung

Der Steinbock gehört zu den Menschen, die oft schon in Jugendjahren wissen, welchen Beruf sie ergreifen werden. Steht Saturn jedoch ungünstig, dann zaudert er und schiebt den endgültigen Entschluß quälend lange hinaus. Häufig ist der Beruf auch durch Familientradition vorgezeichnet.

Entscheidet sich die eine Gruppe frühzeitig für einen bestimmten Beruf und läßt sich auch ob des Widerspruchs der Umwelt nicht beirren, so findet die zweite den eigenen Weg nur unter Schwierigkeiten und innerer Zerrissenheit.

Dabei stehen dem Steinbock zahlreiche Möglichkeiten offen. Seine zähe Lebenskraft begrenzt die Wahl nicht auf leichte Berufe. Er weiß wohl, daß ihm Widerstandskraft, physische und geistige Härte zu Gebote stehen. Er kann etwas „einstecken", ein harter Beruf ängstigt ihn nicht. Ihn reizen gerade die schwierigen, mühsamen Aufgaben, seien sie körperlicher oder geistiger Natur. Er liebt die Pflichterfüllung und verantwortungsvolle Posten, und er kann bei guter Saturnstellung hohe Stufen erreichen (viele Staatsmänner haben dieses Zeichen im Aszendenten). Sein Temperament verleiht ihm zudem: Überlegenheit über Triebbedürfnisse, Standhaftigkeit, Unerschütterlichkeit in Gefahr, Überwindung von Eintönigkeit und Verdruß, Freude an der Einsamkeit, Ausdauer, Fleiß, Verschwiegenheit, Ernst und hohe Berufsauffassung.

< Französische Schule des 14. Jahrhunderts

Neigungen:	Konzentration, Absonderung, Zurückgezogenheit.
Funktionen:	Denkarbeit.
Objekte:	Erde, Minerale, Insekten, Leder, ferner: Gesellschaft oder abstrakte Dinge.
Handlungen:	Schreiben, lesen, analysieren, rechnen, konservieren, stabilisieren, kontrollieren, überwachen, vorausplanen, verwalten, regieren.
Plätze:	„Elfenbeinturm", geschlossener Raum, Laboratorium, Bibliothek, Kloster, Asyl, Archiv, Museum, öffentliche Gebäude, Höhle, Grube, Erde, Berglandschaft, Wüste.
Möglichkeiten:	a) Landwirt, Grubenarbeiter, Brunnenmacher, Erdarbeiter, Gerber, Maurer, Töpfer, Uhrmacher, Hirte;

Auguste Comte

b) Buchhalter, Jurist, Konservator, Antiquar, Sprachlehrer, Geograph, Agronom, Architekt, Apotheker, Ingenieur (Bergwerk, öffentliche Arbeiten, Kunstgewerbe);
c) Wissenschaftler, Mathematiker, Philosoph, Soziologe, Verwalter, Politiker.

Arbeitsweise

Je nach guter oder ungünstiger Saturn-Stellung reagiert der Steinbock nicht nur in der Frage der Berufswahl unterschiedlich, sondern auch in der Arbeit selbst: entweder träg-passiv und schmarotzerhaft oder fleißig-angeregt und sachbezogen. Allgemein gilt er als großer Schaffer, der vor allen andern am Werke ist, weder Zeit noch Mühe scheut und noch spät am Abend an seinem Arbeitsplatz zu finden ist.

Seiner kühlen Natur entspricht auch sein Arbeitsrhythmus. Langsam und schrittweise setzt er ein, er bedarf einer bestimmten Anlaufzeit. Dann aber leistet er unermüdlich-regelmäßig

Pasteur

eine vorzügliche Arbeit, zumal bei automatischen und wiederholten Arbeitsgängen. Beispielhaft ist seine Stetigkeit: pünktlich kommt er, nur im Falle höherer Gewalt verläßt er den Arbeitsplatz. Seine Aufgabe organisiert er planmäßig und erzielt mit einer Methode, die Improvisation, Instinkt und Laune keinen Raum läßt, den höchstmöglichen Ertrag.

Mit andern zusammenzuarbeiten fällt ihm eher schwer. Lärmige Umgebung fällt ihm lästig, Betriebsamkeit betäubt ihn, allzu viele Kontakte ermüden ihn. Er braucht die Ruhe des eigenen Büros, die Stille des Laboratoriums, in dem er sich sammeln kann. Auch naturverbundenes Landleben sagt ihm zu.

In einsamer Tätigkeit — ein Mönch in seiner Zelle — leistet er sein Höchstes.

„Teamgeist" behagt ihm wenig. Er arbeitet zwar nicht in den Tag hinein, sondern plant auf längere Sicht. Doch ist sein Drang nach Zusammenwirken nur gering.

Talleyrand, von Prud'hon

Er weckt nicht jene Begeisterung für ein gemeinschaftliches Werk, wie sie sich für die Produktivität eines Unternehmens aufdrängt. Kann er Mitarbeiter nicht entbehren, so hält er sich meist nur an die, welche ihn dokumentieren. Solcherweise bewahrt er die volle Betriebsübersicht für sich allein. Er gleicht einem Baumeister, der seinen Dom am liebsten allein bauen würde.

Untergebene eines solchen Steinbocks erleben nur distanzierte Autorität — kein Wunder! Zu Vorgesetzten dagegen verhält er sich respektvoll und diszipliniert. Ist er Chef, so gehorcht man ihm, weil sein Wille sich auf ruhige und natürliche Weise durchsetzt. Manchmal schiebt er ein Urteil auf und läßt seine Entschlüsse reifen. Dabei schreckt er auch vor Korrekturen nicht zurück. Er will das Vernünftige und Leichtfaßliche mit knappen, klaren Sätzen. Überwachung des Ganzen fällt dann leichter.

Steinbock ist das Zeichen des kühlen Geltungswillens, der den Menschen von flüchtigen Alltagserscheinungen absondert und auf ein langfristiges Ziel hinweist. Er denkt voraus, er organisiert, was er in zwei oder drei Jahrzehnten erst verwirklichen wird. Für rasche und kurzfristige Erfolge ist er nicht geschaffen. Das Heute zählt ihm wenig. Wichtig allein ist das ferne Ziel, der Gipfel, nach dem er strebt.

Er erklimmt ihn als großer Ehrgeiziger mit anständigen Mitteln oder als kleiner Emporkömmling mit unwürdigen Methoden.

Der Steinbock ist nicht der Mensch, der seinen Arbeitsplatz wechselt. Sein Leben lang bleibt er in der Regel dem gleichen Betriebe zugetan. Als Bauer beackert er denselben Boden, als Angestellter hält er unverbrüchliche Treue. An seinem Arbeitsplatz will er aufsteigen, Stufe um Stufe, wenn möglich bis zu dem entscheidenden Kommandohebel, dem verantwortungsvollsten Amt. Beschwerlich ist der Aufstieg, meist nur dank persönlichem Verdienst. Seine Achillesferse heißt: Mangel an Ungezwungenheit, an glanzvollem Äußerem, an Phantasie, an bezaubernden Qualitäten. Seine Stärke aber liegt in Sachkenntnis, aufrechter Haltung, Ernst und Rechtschaffenheit. Ihn kümmert es wenig, daß er nicht zu gefallen weiß — er versteht es, sich unentbehrlich zu machen.

Finanzen

Kann es verwundern, daß der Steinbock sparsam und manchmal — unter schlechtem Saturn-Einfluß — geizig ist? Fleißig und beharrlich, kennt er den Preis jeder Anstrengung und damit den Wert des Geldes allzu wohl, als daß er Chancen oder Vermögen verschleudern würde. In Geldfragen ist er denn auch vorsichtig, ja mißtrauisch. Ein glanzvolles, doch sofort abzuwickelndes Geschäft verschmäht er. Geduldig harrt er seines Gewinns. Jedem Risiko abgeneigt, ist er das genaue Gegenteil eines Spekulanten. Einfache, natürliche Lösungen sind sein Fall.

Mit einem Wort: er ist konservativ, er bleibt bewährten Grundsätzen treu, die ihren Kurswert niemals verlieren. Seine kühle Natur schenkt ihm obendrein eine besonders wertvolle Eigenschaft: die Voraussicht. Über Jahre und Jahrzehnte hinweg führt er genaue Buchhaltung.

Allein die Arbeit bringt ihm Geld ein. In seinem Kalkül ist kein Raum für Wettbewerbe, unerhoffte Chancen. Er weiß, daß seine Lebensart gute Geschäfte nicht anregt — er nimmt es gelassen hin. Einzelgängerisch begnügt er sich mit wenig, schnallt den Gürtel enger und bangt auch nicht vor Entbehrungen. Sein Kapital setzt er nicht in Genuß um. Oft hinterläßt er seinen Angehörigen denn auch ein beträchtliches Erbe.

Artet — bei disharmonischem Steinbock — der Ehrgeiz in wilde Raffsucht aus, dann erfüllt diese sein ganzes Sinnen und Trachten, dann droht die Gefahr schmutziger Geschäftigkeit. Ihm aber steht der Steinbock gegenüber, der sich auch materielle Güter versagt, sich selbst entäußert und Besitzlosigkeit als höchstes Ziel anstrebt.

Saturn. Lateinisches Manuskript aus dem Mittelalter >

DAS LEBEN

Kleine Steinbock-Parade

Der Berühmtheiten in diesem Zeichen sind die Fülle. Wir greifen die bekanntesten heraus.

Da ist zunächst der *lunare* Steinbock mit dem Musiker Gossec als schönstem und klarstem Beispiel. Passiv, zurückhaltend und bescheiden, widmet er sein Talent einem sozialen Ideal und wird damit gleichsam zur „Seele“ aller revolutionären Zeremonien.

Der *merkurische* Steinbock weist einen doppelten Aspekt auf, wie Molière, bitter, ätzend und tief, doch unter dem äußeren Schein der Farce und des Spaßes. Er kann auch langfristige diplomatische Ziele verfolgen, wie Talleyrand.

Verbindet der *venusische* Steinbock einen gewissen Liebreiz und Charme, ja vielleicht sogar Liebe mit Hinneigung zum Sozialen und gesellschaftlichen Ehrgeiz, so verbraucht sich der *marsische* Steinbock im Kampf mit der Umwelt und in stets neuen, leidenschaftlichen Vorstößen. Das gilt für den Politiker Pierre Mendès-France wie für Proudhon.

Der *jupiterhafte* Steinbock bewirkt den politischen Würdenträger, den repräsentativen Menschen, der zu höchsten und verantwortungsvollsten Ämtern aufsteigt (Gladstone, der „Grand Old Man“, Hindenburg, Guy Mollet).

Der *saturnische* Steinbock bringt meist eher die kühlen und distanzierenden Charakterwerte des Zeichens zur Geltung, freilich auch den Geltungsdrang oder die Vereinsamung: Adenauer, Cézanne, Kaiser Karl V., Königin Elisabeth I. und Elisabeth II. von England, der Astronom Kepler, der Staatsmann Mazarin, der große Forscher Pasteur, der Staatsmann Pinay.

Es erweist sich eindeutig, daß der Steinbock eine bedeutende Zahl hoher Staatsmänner „hervorbringt". Zusammen mit dem Löwen schlägt er in der Politik alle Rekorde. Das früheste Beispiel, das wir kennen, ist Kaiser Augustus. Die berühmte Elfenbeingemme, die „Gemma Augustea" aus der Meisterhand des Dioscorides, zeigt den Kaiser von mehreren Figuren umgeben; über seinem Haupte sein Geburtszeichen, der Steinbock.

Aus neuerer Geschichte sind mehrere fast reine Steinbock-Menschen bekannt: Karl V., Mazarin, Gladstone, Wilson, Lloyd George, Joffre, Primo de Rivera, Göring und Rosenberg (beide kamen am selben Tag zur Welt), Stalin.

Als Steinbock-Vertreter mit Bindungen an einen zweiten Typ sind erwähnenswert: König Heinrich IV., Napoleon III., Raymond Poincaré, Hindenburg, Gamelin, Herriot.

Aus jüngeren Tagen sind politisch hervorragende Steinbock-Menschen ebensowenig verschwunden. Zu nennen sind so typische Vertreter, wie: Malenkow, Mao Tse-tung, Konrad Adenauer und Wilhelm Pieck (knapp zwei Tage nacheinander geboren). In Frankreich stehen die Sonne und zwei Planeten im Zeichen bei Mendès-France, Mollet, Pinay und Debré.

Nach der Politik und der Staatskunst die Denker, zumal die Mathematiker: Tycho Brahe, Kepler, Newton, Herschel, Henri Poincaré. Sodann die unermüdlich über ihre Probleme gebeugten Wissenschaftler und Forscher, wie Pasteur, Becquerel, Langevin und Davy. Schließlich die Philosophen: Gassendi, Montesquieu, Comte, W. James, Proudhon.

Auch auf dem Gebiet der Kunst treten Steinbock-Menschen hervor: Cézanne, Matisse, Messager, Rubinstein, Skriabin, Saint-Simon, Utrillo.

Grundsätzlich gilt für alle Fälle: Einzig das persönliche Horoskop läßt das Individualbild in seiner Einzigartigkeit voll erkennen.

Konrad Adenauer

Er wurde am 5. Januar 1876, um 10.30 Uhr, in Köln geboren. Sonne und Merkur stehen im Zeichen und in klarer Konjunktion — unter der Schirmherrschaft eines machtvollen kulminierenden Skorpion-Saturns und eines respektablen Jupiters im Aufgang.

Von welcher Seite her man dieses Geburtsbild auch betrachten mag, es offenbart eine ausgeprägte Persönlichkeit im Zeichen des Steinbocks mit verstärktem Saturn-Einfluß:

— die hagere, hohe Gestalt mit den dünnen Lippen, dem strengen Gesicht und dem Ausdruck der Selbstbeherrschung, der Festigkeit und der Überlegenheit;

— das korrekte Verhalten: stets dunkel gekleidet, phantasielos, wahllos in bezug auf Krawatten;

— die schlichte und ernste Ausdrucksweise: der Mann, der so gar nichts von einem Volkstribun an sich hat;

— das einfache, frugale und nüchterne Leben: er trinkt nicht, er raucht nicht, er hört zu und schweigt, „ein Virtuose des Schweigens"; dazu ein beispielhaftes Privatleben;

— seine harte Arbeitslast: um 6 Uhr aus dem Bett, dann fünfzehn Stunden der Arbeit, nach klugem Plan.

Sein Kabinett im Palais Schaumburg: klar und einfach, keinerlei kostspielige Bilder, keinerlei Luxusmöbel; nichts als Arbeitsmaterial, Akten und Telefone, einzig ein paar Souvenirs.

All dies deutet auf professorale Strenge und Korrektheit: er ist der Mann, den man respektiert und den man schätzt. Ihm fehlt die menschliche Wärme, die ihn als Führer der Masse, als Aufpeitscher kollektiver Leidenschaften — im Gegensatz zu Hitler — hervortreten ließe. Im Gegenteil: Strenge, ja Trockenheit erweisen sich als Grundzüge. Schon in jungen Jahren äußerte sich seine Persönlichkeit: Zucht, Disziplin, Enthaltsamkeit, Hartnäckigkeit, Zielbewußtsein, Geduld, Dick-

köpfigkeit. Diese Eigenschaften haben ihn weit geführt. Freiwillig und planmäßig hat er sich auf eine klare Linie festgelegt.

Wäre er nicht Politiker geworden, so hätte er den Gärtnerberuf gewählt, wie er selber sagte. Beide Berufe erheischen dieselben Grundeigenschaften: Geduld, ruhiges Warten auf die Reifung.

Doch er war ein geborener Verwalter und ein pünktlicher Beamter, unbestechlich, streng zu sich selbst und zu den andern. In seiner Geburtsstadt steigt er zielsicher auf: 1906 Mitarbeiter des Bürgermeisters, 1912 dessen erster „Adjunkt", 1917 Bürgermeister. Kurz darauf, im allgemeinen Fieberzustand von 1918 und 1919, tritt eine seiner Haupttugenden zutage: er bewahrt kaltes Blut.

Saturn erhebt in der Folge sein Haupt: der Nationalsozialismus mit seinen Ausschreitungen, Gefahren und Drohungen. Adenauer wird kein Nazi. Nach einer Zeit des Widerstandes und der Demütigungen erlebt er Jahre der Ächtung, der Einsamkeit, des Schweigens und des Konzentrationslagers.

1945: ein uranischer „Führer", ein paranoischer Zauberlehrling, tritt von der Bühne ab, ein Opfer seiner eigenen Missetaten. Doch Volk und Land hat er in die Katastrophe gestürzt. Deutschland ist ein einziger Trümmerhaufen. Der Nachfolger hat eine äußerst undankbare Rolle zu übernehmen, die zugleich höchst saturnisch ist: eine Niederlage zu liquidieren, ein Volk aus dem Abgrund emporzureißen, aus dem Elend und der Isolierung. Politische Erziehung heißt die Parole.

Adenauers Stunde hat geschlagen. Im Sturm hatte er standgehalten; als Steinbock, der mit langen Fristen rechnet, beginnt er mit 70 Jahren sein eigentliches Lebenswerk. Als Siebzigjähriger wird er zum Staatsmann, als Achtzigjähriger steigt er in der Weltgeltung zu seinem Zenit auf — ohne daß er jemals seine politischen Überzeugungen gewechselt hätte.

Einmal an der Macht, verficht er die typischen Tugenden seines Zeichens.

In erstaunlicher Selbstbeherrschung hat er seine Kraft der Kaltblütigkeit vor jedem Verschleiß bewahrt. Selten verläßt ihn die typische Gelassenheit. Keinerlei Nervosität, auch nicht, wenn der „alte Fuchs" ganz hoch spielt. 1949, mitten in den Bundestagswahlen, als jedermann am Radio die Wahlergebnisse verfolgt, entdeckt man ihn zu Hause, wie er friedlich seine private Post liest. Auf die Frage seiner Besucher, wie er so ruhig bleiben könne, erwiderte er: „Wozu auch soll ich mir den Kopf zerbrechen, um etwas zu erraten, was man in wenigen Stunden sicher weiß . . ."

Dann seine Geduld: das Wort steht an der Spitze seines Programms. Der Appell zur Geduld ist das Leitmotiv der Reden des Kanzlers: ,,Unsere Waffen sind Recht und Geduld. Die beste Waffe der Besiegten ist die Geduld. Ich habe viel Geduld. Ich kann warten . . ."

Seine Unerschütterlichkeit: die Treue zu den einmal gewählten Grundsätzen, die hartnäckige Zielstrebigkeit. Taub für jede Kritik, überwindet er jedes Hindernis. Er ist der Mann der klaren Positionen und der unwiderruflichen Entscheide. Doch zugleich verfällt er einer gewissen Starrheit in seinem politischen Kurs; er klammert sich an einen Konservatismus, der nicht über jeden Zweifel erhaben ist.

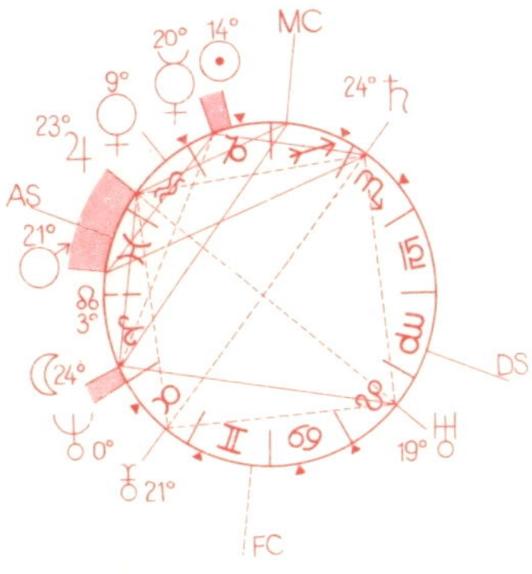

Paul Cézanne

Cézanne kam am 19. Januar 1839, um 1 Uhr, in Aix-en-Provence zur Welt. Sonne und Merkur standen im Steinbock. Saturn warf Aspekte auf Mond, Merkur und Venus. Aszendent im Skorpion mit recht gut gestelltem Gebieter.

Cézanne erweist sich damit als ein Steinbock, der von Saturn und Mars stark geprägt ist.

Ausdruck dieser doppelten Signatur ist sein Charakter: reizbar, rachsüchtig, ungesellig, fieberhaft arbeitsam, von Zweifeln gequält, abgeschlossen von der großen Welt auch nach den großen Erfolgen. Sein Leben lang führt er Krieg gegen den offiziellen Kunstbetrieb der großen Salons. Aber er läßt sich nicht entmutigen; auch in Niederlagen harrt er aus.

Skorpion wirkt sich in ihm zunächst aus: in dunklen, schweren und schmelzenden Farbtönen; in Bildern, die triebhafte Gier, Todesszenen und Orgien offenbaren. Das Zeichen verrät sich auch in der Natur seiner Malerei. Aus lächerlichen Gründen bricht er plötzlich ab, auf der Leinwand reagiert er sein zorniges Ungestüm ab. Er braucht günstige äußere Begleitumstände, damit er seine Kunst entfalten kann: hellgrauen Himmel, keine ungewöhnlichen Geräusche, kein Hundegekläff, ruhige Vorstudien im Louvre. Hat ein dienstbarer Geist irgendein Möbelstück anders gestellt, so reißt er die Leinwand in Stücke und kann nicht mehr arbeiten. Mit den Pinseln verschmiert er sich selbst während der Sitzungen — einmal sosehr, daß die Gendarmen in Aix ihn nicht wiedererkennen und nach seinen Ausweispapieren verlangen.

Doch der Skorpion weicht dem saturnischen Steinbock. Der innerlich aufgewühlte Mensch drängt seine Instinkte zurück; sie toben nun vor allem in seiner Seele. Der Einsame von Aix auferlegt sich eine harte Arbeitszucht. Er sondert sich ab und arbeitet einsam, langsam und mühselig. Die Zeit zerrinnt, während er Blumen malt: sie welken, noch ehe er sie fertig gemalt hat! Ein Bild bedeutet ihm einen Teil seines Lebens. Immer

◁ Cézanne: Selbstporträt

wieder nimmt er es hervor, zweimal, dreimal. Vollkommenheit heißt seine Losung.

Von impressionistischer Malerei ist er ausgegangen (Konjunktion Venus-Neptun in der Himmelstiefe); doch im Gegensatz zu dem jupiterhaften Renoir geht Cézanne am stärksten vom Hintergrund aus, von der gesamten Bildfläche als dem farb- und formbestimmenden Prinzip. Das „konstruktive Prinzip“ tritt immer stärker in den Vordergrund, die Farbe regiert als selbständiger Bildfaktor, sie bestimmt Ausmaß, Richtung und Form seiner Flächen. Cézanne endet, astrologisch gesehen, bei der „Unterwerfung unter den Geist“, d. h. beim großen figuralen Stil. Was bei den Impressionisten reine Augenlust ist, wird bei ihm zu strenger Beobachtung. Dieser „intellektuelle Sensualist“ (René Huyghe) ist jetzt eher von kühlem Verstande geprägt als von den Sinnen: er strebt gleichsam ein „architektonisches Bild“ an. Er verschafft der konstruierten Bildfläche die Unmittelbarkeit eines Natureindrucks („Refaire Poussin sur nature“, hat er selbst bekannt).

Cézannes Zeichen findet auch in der Wahl seiner Gegenstände unverwechselbaren Niederschlag. Mit Vorliebe malt er kleine Dinge, auf die er seine ganze Aufmerksamkeit richtet: einen Apfel, eine Pfeife. Er wendet sich vertrauten Landschaftszügen zu, er malt arme Leute.

Nicht minder kennzeichnend sind seine „Wahlverwandtschaften“. Er liebt den Stier-Typ Courbet (Trigon Steinbock-Stier), er bewundert den jupiterhaften Monet. Dagegen mag er den Zwillingstyp Gauguin und den Widder van Gogh gar nicht leiden (Steinbock und Widder stehen zueinander im Quadrat, d. h. in unversöhnlicher Dissonanz). Man braucht, um dies zu begreifen, nur die Sehweise, die Optik, der beiden Maler angesichts des gleichen Objekts zu vergleichen: der Provence. Cézanne sieht sie nicht als ein loderndes Feuermeer, sondern als eine „kristallisierte Architektur“; überall entdeckt er Ordnungslinien. „Um eine Landschaft malen zu können, muß ich zunächst die geologische Schichtung entdecken.“

Marlene, 1960 >

Marlene Dietrich

Künstler im Steinbock?

Der kühle Ehrgeiz des Zeichens weckt nicht ausschließlich Leidenschaft für Soziales, uneigennützige Unternehmen und trockenen Forschungsdrang. Er kann auch in selteneren Fällen die Kunst beflügeln. Man denke etwa an die wohldurchdachte Kunst eines Cézanne oder an den Maler Utrillo.

Das künstlerische Temperament eines Steinbocks ist freilich nicht von üblicher Art. Das beweist unzweideutig die große Marlene Dietrich: geboren an einem 27. Dezember, gegen 16 Uhr, in Weimar. Sie weist im Steinbock nicht weniger als fünf Planeten auf: Sonne, Merkur, Mars, Jupiter und Saturn. Venus, am höchsten Punkt ihres Geburtshimmels, steht überdies im Saturn-Zeichen Wassermann.

Für das Filmpublikum, das einen Typ der „femme fatale" sucht, wird Marlene der ideale „Vamp". Der „Blaue Engel" steht im Zeichen eines Mondes im Löwen, einer Steinbock-Magie mit rauher Stimme, müdem Blick und schönen Beinen. Es gibt keinen Star, der auf der Leinwand wie auf der Bühne den Typ der verbrauchten, blasierten oder „uninteressierten" Frau besser dargestellt hätte: von der „Liebe" scheint sie ständig Distanz zu nehmen.

Natürlich ist dies nur Schein, das gehört nun einmal zum „Vamp". Immerhin: Marlenes Sex-Appeal ist gleichsam „kühl", ja kalt. Er ist die Verkörperung einer eisigen Frauenschönheit, die nur sich selbst gehört.

Wie kam es denn aber, daß ein solcher Typ legendär werden konnte? Eben wegen ihrer Kühle und Härte. Keine große Schauspielerin hat soviel Selbstbeherrschung zur Schau getragen. Marlene ist der Typ der großen Ehrgeizigen (im edlen Sinne des Wortes), die alles — auch die Liebe — einer außerordentlichen Mission unterwirft. Trotz allem Stilwandel ist ihr Stern unwandelbar geblieben. Während die großen Stars ihrer Generation — Mary Pickford, Greta Garbo, Bette Davis —

nur noch in der Erinnerung weiterleben, bewahrt die unvergleichliche Marlene ihren höchsten Marktwert.

Und die Liebe in ihrem Leben? Sie erhielt einen Ruheplatz ohne die geringste Skandalchronik. Auch ihre Liebe wurde an der Leine gehalten. Ihr kam weder das erste noch das letzte Wort zu. Sie hatte zu verstummen, wenn es um die Karriere ging.

Doch geben wir ihr selbst das Wort. Ihre Äußerungen, auf viele Zeitschriften verteilt, loben vor allem eines: die Disziplin.

„Gegenüber dem Leben gibt es Menschen, die Probleme haben und solche, die keine kennen. Oder genauer: die, welche sich Probleme stellen und die, welche es nicht tun. Ich gehöre zur zweiten Kategorie: ich habe keine Probleme. Man fragt mich oft: Wie machen Sie das nur? Darauf antwortete ich: Ich weiß nicht, ob das außergewöhnlich ist, was ich erreicht habe. Ich war immer so. Man mag es Gelassenheit und Überlegenheit nennen. Aber sie ist nicht erworben. Ich habe sie immer gehabt. Doch mehr noch: ich glaube, es geht um Disziplin. Disziplin ist für mich einer der Schlüssel des Daseins. Schon als ich ganz klein war, habe ich Härte und Strenge gelernt. Auch in der kleinsten Geste, der geringsten Gebärde, dem leisesten Gefühl. *Self-control*, wie die Engländer das nennen ... Lieber wäre ich vor Durst umgekommen, als jemanden um ein Glas

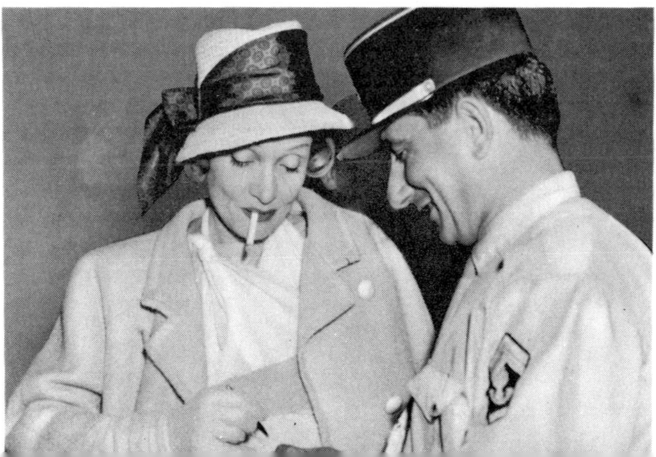

Wasser zu bitten, wenn das nicht schicklich war. Diese Dinge bilden den Charakter. Sie machen das Leben viel einfacher, für sich selbst und für die andern. Hat man keine Disziplin, so erschwert man sich das eigene Leben und überdies das Leben anderer Menschen ... Disziplin und Logik erschienen mir immer so natürlich, daß ich niemals aufbegehrte. Das erklärt vieles. Fragt man mich beispielsweise, ob ich immer Herr meines Schicksals gewesen sei, so antworte ich: Jawohl, weil ich diszipliniert war. Immer haben mich die Ereignisse gezwungen, Entschlüsse zu fassen. Hinterher aber habe ich mich ihnen nicht nur unterworfen, sondern mein Leben nach ihnen ausgerichtet."

Marlene fährt fort: „Ich hätte sehr wohl ohne Theater und Kino leben können. Mein Traum wäre es, auf dem Lande zu leben und mit meinen Händen zu arbeiten. Doch das kann ich nicht, das habe ich nie gekonnt. Die Disziplin in mir mahnt dann: Sei's drum. Sie hat ja auch das Gute, daß sie mir erlaubt, die Freiheit zu bewahren: im Innern natürlich."

Die Künstlerin geht noch weiter: „Es gibt keine Herzensprobleme, die die Logik nicht lösen kann." Sie meint, alle Frauen seien wie sie: mit kalter, souveräner Vernunft begabt, die ihre Gefühle beherrscht.

„Wenn es eine Lehre gibt, die man aus der Erfahrung ziehen kann, so diese: Ich glaube, daß man im Leben zunächst wissen muß, wo die Pflicht ist, und dann muß man sie tun. Hält man sich von Anfang an an seine Grundsätze, so geht alles gut ... Jedenfalls bin ich davon überzeugt, daß man mit zuverlässigen Grundlagen und Grundsätzen im Leben nichts zu bedauern hat."

Dieser Lebensplanung verdankt diese Frau eine Arbeitsleistung, die nur mit eisernem Willen zu erklären ist. 1970 war Marlene Dietrich eine so zeitgemäße Künstlerin wie 1930. Damit findet ihre Lebensregel die schönste Rechtfertigung: die goldene Regel eines vollkommenen Steinbocks: *Self-control,* Selbstkontrolle, Leben in der Gegenwart!

Karl V.

Der große Kaiser kam um 3.30 Uhr früh am 25. Februar 1500 zur Welt. Mag er auch ein Fischgeborener sein, so steht doch Steinbock an erster Stelle: er bildet das Aszendentzeichen, in dem zugleich der Mond steht. Sein Gebieter — Saturn — bleibt das dominierende Gestirn: er steht in der Himmelstiefe und bildet ein Sextil zu Sonne und Merkur.

Kein größerer Kontrast als der zwischen Jupiter und Saturn. Dieser Gegensatz tritt auch in der Geschichte zutage in der Auseinandersetzung zwischen den beiden großen Rivalen im 16. Jahrhundert: einerseits der jupiterhafte Franz I. von Frankreich mit seinen glänzenden Eigenschaften, seinem sanguinischen und extravertierten Temperament, zugleich ritterlich, abenteuerlich, ehrvergessen und prunkliebend, lauter Äußerlichkeiten — anderseits der Saturnier Karl V., dieser nervöse Introvertierte, ernst und tiefgründig, pflichtbewußt, einem religiösen Ideal nachjagend.

Drängte Franz in seinem Optimismus nach Pracht und Herrlichkeit, so fühlte sich Karl arm, nachdenklich und einsam, ja melancholisch. Ein solcher Mensch, mager und bleich, schlicht gekleidet, ohne Schwung, in seinen Reden ohne jedes Feuer, ein Feind des Lachens, reserviert und argwöhnisch, maßvoll und trübe, mußte zwangsläufig eine üble Figur machen gegenüber seinem Rivalen Franz, ebenso gegenüber dem pompösen Heinrich VIII. von England, gleichfalls einem glanzvollen Jupiter-Typ.

Doch er nimmt seine Rolle ernst. Was er leistet, hat Bestand. In seiner Jugend dämmert er dahin (Fische), an die Macht gekommen aber wird er regsam.

Greifen wir ein wichtiges Beispiel heraus. Man meldet ihm aus Pavia: Franz I. ist gefangengenommen. Einen Augenblick lang freut er sich: „König Franz ist mein Gefangener. Die Schlacht ist gewonnen!“ Doch alsbald unterdrückt dieser 25jährige Kaiser seine Freude und trägt die übliche Ruhe zur

MDXLVIII

Schau. Er zieht sich zum Gebet zurück und erklärt hinterher: „Diesen Sieg verdanke ich Gott allein."

Man stelle sich die Situation umgekehrt vor: wenn Franz den Karl festgenommen hätte!

Es gibt keinerlei öffentliche Festlichkeit, nur Danksagung, Dankgebete zu Gott und zu Maria. Jedermann ist überrascht: es kommt nicht alle Tage vor, daß ein König von Frankreich gefangengenommen wird ... Doch Karl verhält sich gleichmütig. Saturn überwiegt wiederum — so sehr, daß der Erfolg von Pavia darob beinahe wieder in Frage gestellt wird (Fische).

„Er gewann die Weltherrschaft dank seiner Selbstbeherrschung", hat ein Historiker über ihn geschrieben. In der Tat: er schien Herr über seine Seele zu sein, in allen Wechselfällen.

Aber in Wirklichkeit fand Karl V. nur selten die ruhige Mitte zwischen den beiden Extremen seiner Steinbock-Dialektik. Er schwankt zwischen Ehrgeiz und Demut, zwischen großen Zielen und krankhafter Unruhe. Ein schweigsamer Ehrgeiziger, träumt er davon — nach dem Vorbild Karls des Großen — der große Kaiser des Abendlandes zu werden. Grenzenlos ist sein Ehrgeiz.

Dennoch: Macht fesselt ihn nicht. In den großen Augenblicken seines Lebens drängt er unwillkürlich nach Einsamkeit, nach Gebet im Verborgenen. Immer wieder findet man ihn, wie er, ernst, trübe und traurig, zum Gebet Zuflucht nimmt, voller Zweifel und voller Mutlosigkeit, gleich einem Sträfling vor der Urteilsvollstreckung.

Bevor ihm die Krone aufgesetzt wurde, hatte er am Kloster Geschmack gefunden. Bitterkeit lag auf seiner Seele. Als er abdankte, verzichtete er auf allen irdischen Ehrgeiz. Er bedauerte sogar, den Schritt nicht früher getan zu haben: „... Ein einziger Tag der Einsamkeit bietet mir größeres Vergnügen als alle meine Triumphe."

Wer so spricht, hat am Ende die Synthese seines Lebens gefunden, entsprechend seiner saturnischen Steinbocknatur und der Sonne in den Fischen.

Elisabeth II. von England

Im Geburtsbild von Elisabeth II. von England — geboren am 21. April 1926, um 2.40 Uhr, in London — kommt dem Eintritt der Sonne ins Zeichen des Stiers nur zweitrangige Bedeutung zu.

Überragende saturnische Kraft verleiht der Königin vielmehr der Aszendent im Steinbock mit Sextil zum Saturn, dem Herrscher des Zeichens, der in der Himmelsmitte kulminiert.

Glücklicherweise ist Elisabeth II. solcherart aus innerstem Wesen für die von der Monarchie verlangte Rolle geschaffen. Voller Stolz auf ihre hohe Mission, fühlt sie sich gedrängt, die Tugenden zu verwirklichen, die das Volk von einer Königin fordert. Sie vermag es auch dank unbeugsamem Willen und der ruhigen Würde des Steinbocks.

Zu einer Zeit, in der das Königtum, seiner einstigen Vorrechte entblößt, einzig noch als Symbolwert fortlebt, ist die Königin sich der moralischen Ausstrahlungskraft ihres hohen Amtes voll bewußt. Sie erfüllt es mit der Strenge, der Härte, der Disziplin und der Aufopferung ihrer vom Steinbock gekennzeichneten Natur — und mit einem Anflug von saturnischer Melancholie, wie man sie bei offiziellen Zeremonien an ihr bemerken kann.

Wenn der ernste und ernsthafte Steinbock sich einmal ganz durchsetzt, so kann man felsenfest auf die Stetigkeit seiner Gefühle bauen. Eine beispielhafte Frau und Mutter verkörpert die Königin denn auch die Haltung, die ihr Volk erwartet.

Nun bedeutet freilich eine Konjunktion von Saturn mit Himmelsmitte nicht unbedingt eine friedliche Herrschaft. Im allgemeinen steht dieses Zeichen in den Horoskopen von Monarchen, die gestürzt wurden oder die abgedankt haben. Es ist denn auch nicht unwahrscheinlich, daß sie eines Tages auf den Thron verzichten könnte: vielleicht unter dem Einfluß schwerer Gefühlsprobleme. Es wäre denkbar, daß die Königin dann ein Leben wählen würde, das ihren Wünschen eher entspräche.

Elisabeth von Österreich

Als die künftige Kaiserin Elisabeth von Österreich am 24. Dezember 1837, um 22.45 Uhr, in München geboren wurde, standen Sonne, Merkur und Mars im Steinbock, im dominierenden Zeichen; Mond-Saturn in einer dramatischen Konjunktion im Skorpion, verschlechtert durch ein Quadrat zu Venus im Wassermann: eine typische Sternstellung der Trauer, der Selbstentäußerung.

Dabei war der Beginn recht verheißungsvoll. Er stand im Zeichen Jupiters im Aszendenten. Elisabeth, fröhlich, klug, verfeinert, verbringt eine glückliche Jugend in ihrem Schloß am Starnbergersee. Am 24. April 1854 heiratet sie Kaiser Franz Joseph. Triumphal zieht sie auf der blauen Donau in Wien ein.

Doch dann übt Saturn seinen Einfluß aus. Zunächst stirbt ihre älteste Tochter (1857). Die Kaiserin versinkt in unbeschreiblicher Hoffnungslosigkeit. Es folgt das Drama in Mexiko: Maximilian, der Bruder des Kaisers, wird erschossen; seine Gattin, die Kaiserin Charlotte, verfällt dem Wahnsinn.

Elisabeth flieht den Hof. Sie zieht sich immer wieder auf das Meer zurück. Neuer Kummer überfällt sie im Jahre 1881: der Wahnsinn ihres Vetters Ludwig II. von Bayern. Dann schlägt das Schicksal voll zu: 1889 fällt die arme Kaiserin vor dem blutigen Leichnam ihres Sohnes „Rudi“, des Thronfolgers Rudolph, in Ohnmacht.

Alles ist für sie zu Ende. Sie ist wohl bei der Hochzeit ihrer Tochter Marie-Valeria in Ischl zugegen; doch sie ist nur noch ein Gespenst, eine „Mutter der Schmerzen“.

Künftig sucht sie das Abenteuer. Sie haust vor allem auf ihrer Yacht „Miramar“ und hört, um der Melancholie zu entfliehen, tagelang ihrem Vorleser zu. Doch ihr Leidensweg ist noch nicht zu Ende. 1897 verbrennt ihre Schwester, die Herzogin von Alençon, bei dem Großfeuer im Bazar der Pariser Charité lebendigen Leibes. Damals braucht sie gegenüber ihrem Vorleser den abgedroschensten aller saturnischen Sätze:

„Wenn die Lebenslust aufhört, hat man das Leben bereits verlassen."

Der Anarchist Luccheni bringt ihr den wirklichen Tod: nach allen Leiden und Schmerzen, nach Preisgabe aller, die sie liebte, in trüber Melancholie, geht „Sissi" unter, gleich der Heldin in einem Drama von Shakespeare.

PPLERI ,
æſarei
em ,
LIOTHECÆ.

Johannes Kepler

Der geniale Kepler, Astronom und Astrolog zugleich, hat sich das Horoskop selbst gestellt und der Nachwelt hinterlassen: er wurde (nach neuem Kalender) am 6. Januar 1572, um 14.30 Uhr, bei Weil in Württemberg geboren: Steinbock dominiert, er ist besetzt von Sonne, Merkur, Venus und Uranus, allesamt im Sextil zu Saturn im Skorpion.

Wir übergehen den vorwiegend saturnischen Aspekt dieses Lebens in Mühsal und Beschwernis. „Er war ein Hiob, der den Herrn dadurch beschämte, daß er Bäume aus seinen Schwären wachsen ließ", schreibt Arthur Koestler über ihn in seinem Buch „Die Nachtwandler". Erst die Begegnung mit seinem dänischen Kollegen Tycho Brahe (Sonne im Steinbock in Konjunktion mit Saturn) bringt in Keplers Leben einen Lichtblick. Die beiden berühmten Mathematiker begannen gemeinsam mit der Berechnung der berühmten Rudolphinischen Tafeln (die „Tabulae Rudolphinae"), dem unentbehrlichen Werkzeug zum Studium des Himmels. Auch nach Tycho Brahes Tod setzt Kepler die Arbeit an einem ungeheuren Regelwerk über ein Vierteljahrhundert lang fort.

In mühseliger Arbeit entdeckt er schließlich die drei astronomischen Gesetze, die seinen Namen verewigen. Das erste Keplersche Gesetz besagt, daß die Planeten eine ebene, geschlossene Bahn in Gestalt von Ellipsen um die Sonne beschreiben. Das zweite Gesetz betont, daß die Geschwindigkeit der Planeten in der Bahn ungleichförmig ist (Flächensatz). Das dritte Gesetz schließlich besagt, daß das Verhältnis zwischen den dritten Potenzen (Kuben) der großen Halbachsen und den Quadraten der Umlaufzeiten für alle Planeten dasselbe ist (einfacher ausgedrückt: es lehrt, die Distanz zur Sonne zu berechnen, wenn wir die Dauer der Planetenbahn kennen). Allein am dritten Gesetz arbeitet Kepler volle siebzehn Jahre lang.

Steinbock erfährt seinen höchsten Triumph: größte Beharrlichkeit, der fliehenden Zeit zum Trotz, denn die gefun-

PROGNOSTICON,

Von aller handt bedraulichen Vorbotten künfftigen Vbelstands / in Regiments- vnd Kirchensachen / sonderlich von Cometen vnd Erdbidem / auff das 1618. vnd 1619. Jahr.

JOHANN. KEPPLERI,

Der Röm: Käys. Mayt. ꝛc. vnd dero Getrewer Löbl. Landt. deß Ertzhertzogthumbs Oesterreich ob der Enß / Mathematici.

Gedruckt im Jahr /

M D C XIX.

denen Gesetze sind in den Himmel eingezeichnet: „Ich schreibe mein Buch. Es wird vom heutigen Geschlecht oder von der Nachwelt gelesen werden. Was liegt daran? Es kann auf seinen Leser warten. Hat Gott nicht sechstausend Jahre gewartet, bis er einen Betrachter für seine Werke fand?"

Mit diesen drei Gesetzen — Ausdruck einer der tiefsten Leistungen des Menschengeistes — sind alle Grundsteine für das unerhörte Gebäude der Astronomie gelegt. Es bedurfte einzig noch des Architekten, der die umfassende Synthese schuf. Dieser Genius war der Engländer Isaac Newton (geboren am 4. Januar 1643 in Woolsrop, mit Sonne im Steinbock und Sextil zu Saturn, wie bei Kepler). Das Studium der Keplerschen Gesetze hat Newton schließlich zu seinem Gravitationsgesetz geführt, das universelle Gültigkeit besitzt.

Keplers Haltung gegenüber der Astrologie war die eines ehrlichen Forschers, der allerdings den verderblichen Unsinn der Jahrmarktastrologie erkannte. Er selbst schrieb: „Alles nun, was in der Astrologie einer Erfahrung gleichsieht, das halte ich für würdig, daß man darauf acht habe, ob es sich gewöhnlich so verhält und zutrage: Und wenn es sich dann fast zu einer Beständigkeit anlasset, so halte ichs nun ferner für würdig, daß ich der Ursache nachtrachte, verwerfe es auch nicht ganz und gar, wenn ich schon die Ursach nicht völlig erlernen kann."

Koestler zitiert eine weitere Erkenntnis Keplers, der wohl zu unterscheiden wußte zwischen Quacksalberei und ruhiger Forschung: „Der Glaube an die Auswirkungen der Konstellationen kommt vor allem aus der Erfahrung, die so überzeugend ist, daß sie nur von Leuten geleugnet werden kann, die sich mit ihr nie eingehend beschäftigt haben."

In einem seiner letzten Briefe, kurz vor dem Tode, hat Kepler, am 6. November 1629, die nachdenklichen Worte niedergelegt: „Wenn der Sturm rast und der Staat von Untergang bedroht ist, können wir nichts Würdigeres tun, als den Anker friedlicher Studien in den Grund der Ewigkeit zu senken."

< Kepler-Denkmal in Weil

Mao Tse-tung

Mao Tse-tung wurde am „19. Tag des zweiten Monats des 19. Kuangshu-Jahres“ im Bezirk Hsiangtar in der Provinz Hünan geboren (im Jahr der schwarzen Schlange, im Monat der grünen Katze, am Tag des roten Hahns, zur Stunde des Drachens), d. h. nach unserem Kalender: am 26. Dezember 1893, gegen 8 Uhr vormittags.

Steinbock ist zugleich das Zeichen der Sonne und des Aszendenten. Sein Gebieter, Saturn, in der Himmelshöhe, kommt der Stärke nach an zweiter Stelle: nach dem revolutionären Uranus und Mars, beide ebenfalls im Zenit, und im Skorpion.

Wir stehen damit vor einem echten Steinbock, mit Skorpion-Einflüssen und unter der Herrschaft von Uranus und Saturn.

Ist es verwunderlich, daß ein Steinbock die volkreichste Nation auf Erden beherrscht? Sein Leben beginnt mit einer Revolte (Uranus-Skorpion): „Mein Vater war der erste Kapitalist, gegen den ich kämpfen mußte.“

Mit vierzehn Jahren verläßt er das väterliche Haus. Zunächst wird er Bandenführer. Doch dann kommen Organisation und Politik hinzu. 1919 bekehrt er sich zum Marxismus. Kurz darauf gehört er zu den Gründern der chinesischen Kommunistischen Partei. Ein doppelter Rebell wird sichtbar: Mao will den Widerstand gegen die Regierung auf der Bauernseite aufbauen. Man schließt ihn aus dem Zentralkomitee, dem er angehörte, wegen Abweichung von der Parteilinie aus.

Steinbock und Skorpion verleihen ihm Härte in schwierigsten Verhältnissen. Mao wird ins Gefängnis geworfen. Dann lebt er im Maquis und ist schon bald de facto der Parteiführer. Der „Lange Marsch“ (zu Fuß über 12 000 Kilometer) nach der großen Offensive, welche die Regierungsarmee unter Tschiang Kai-schek gegen Maos Rebellen richtete, ist nur für einen Steinbock denkbar.

In Schensi, in der Nähe der mongolischen Wüste, harrt er auf bessere Tage: Geduld ist die Grundkraft des Zeichens. Die

Ereignisse geben ihm recht; das Glück wendet sich zu seinen Gunsten, und er kann nun seine Pläne verwirklichen: nach Kriegsende ruft er die chinesische Volksrepublik aus.

Ein Bauernsohn übt die Macht über China aus. Sein Leben bleibt unverändert: schlicht, nüchtern, unauffällig. Als Steinbock wird er zum Symbol, zur Verkörperung einer allgemein anerkannten Führergestalt, zum Ideal eines kollektiven Fanatismus, der „blauen Ameisen" des „Reiches der Mitte".

Was wird aus China unter seiner Zentralgewalt? Ein Land, das immer mehr Züge des Steinbocks übernimmt: das sich selbst entäußert, das Überflüssiges über Bord wirft, das an den Triumph der politischen Maschine, des Systems, der staatlichen Organisation glaubt.

Der einstige Bandenführer, der Tschiang standgehalten hat, erweist sich als „Granitfels": „Der Kommunismus hat mit Liebe nichts zu tun. Er ist ein ausgezeichneter Hammer, den wir schwingen, um unsern Feind zu vernichten."

Doch Steinbock heißt wesentlich: konservatives Denken. Wenn der Konservatismus im Dienste einer Revolution (Uranus im Skorpion) steht, so zwingt er sie in den Rahmen des Dogmatismus mit all seiner Unbeugsamkeit, seiner Unmenschlichkeit, seiner kalten „Staatsraison".

Kein Wunder, daß Mao Tse-tung heute die marxistische Orthodoxie verkörpert.

Richard Nixon

Der 37. Präsident der USA ist am 9. Januar 1913 um 21 Uhr 30 in Yarba Linda, Kalifornien, geboren worden. Merkur und Jupiter stehen im Steinbock und Saturn im Stier. Diese Geburtskonstellation spiegelt das Bild eines Ehrgeizigen, der eigensinnig auf den Gipfel der Macht konzentriert ist und sehr lange gebraucht hat, um die aus Schüchternheit, Unsicherheit und Ungeschicklichkeit resultierenden Frustrationen zu überwinden.

Präsident geworden, visiert sein unersättlicher Ehrgeiz sogleich einen neuen Gipfel an: Er möchte in die Geschichte eingehen als großer Stratege, der auf der weltpolitischen Bühne eine wichtige Rolle spielt und den seine eigene, durch innenpolitische Skandale hervorgerufene Unbeliebtheit völlig kalt läßt.

Louis Pasteur

Pasteur verkörpert einen beinahe reinen Steinbock-Typ. Außergewöhnlich ist sein Horoskop: nicht weniger als sechs Planeten im dritten Haus (Umweltbeziehungen, Hervorbringungen des Geistes) im Steinbock. Saturn, der Gebieter des Zeichens, wird durch die Waage, in der sich der Aszendent befindet, erhöht. Er verstärkt seine Dominanz durch fünf Trigone, die er auf die Planetenanhäufung wirft. Vom Stier her aspektiert Jupiter im Trigonalschein Mars, Ende Steinbock; Ökonomie der Kräfte in jedem Sinne ist daraus abzulesen. Mond in den Zwillingen verleiht ihm geistige Beweglichkeit, dazu künstlerische Fähigkeiten im Zeichnen.

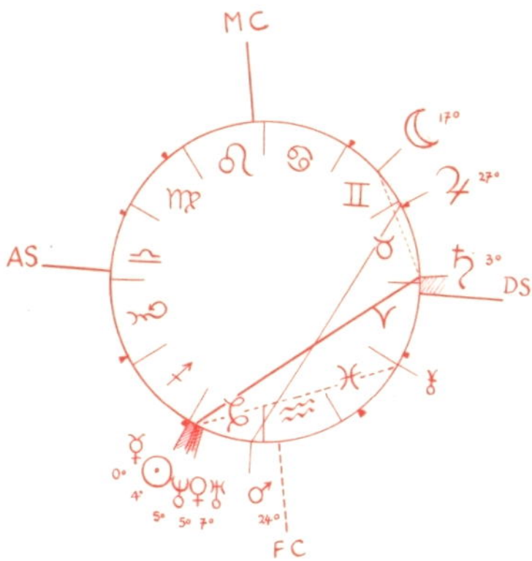

Soviel ist abzulesen aus dem Geburtshoroskop: 27. Dezember 1822, 2 Uhr, in Dôle.

Pasteurs Vater wollte ihn zum höheren Lehrer machen. Der entsprechende Versuch in Paris schlug fehl. Pasteur wandte sich der Porträtkunst (zumal Pastellzeichnen) zu, doch trat die Philosophie, eine saturnische Disziplin, rasch immer stärker in den Vordergrund. Mit zwanzig Jahren wurde er in die „Ecole normale", die berühmte Pariser Schule, aufgenommen, aus der die meisten Großen Frankreichs hervorgegangen sind. Nach Abschluß seiner Studien (Chemie) fesselte ihn zunächst die Kristallographie (auch sie saturnisch).

Mit fast sechzig Jahren, ebenso ungestüm wie mit fünfundzwanzig, war er erste Autorität für Fragen der Zuckergärung: er hatte die Winzer gelehrt, ihre Weine vor dem Verderben zu hüten, die Seidenraupenzucht Frankreichs gerettet und das französische Bier verbessert. „Er hatte die Lebensarbeit von zwölf Männern verrichtet, aber mitten in diesem fieberhaften Schaffen war es immer sein liebster Traum gewesen, die Mikroben aufzuspüren, von denen er zu wissen glaubte, daß sie die Geißeln des Menschengeschlechtes seien, die Erzeuger von Krankheiten" (Paul de Kruif). Er jagte nach krankheitserregenden Mikroben, er erzielte Reinkulturen, er schickte die Bakterien gegen ihre eigene Art ins Feld, um Mensch und Tier vor schleichendem Tod zu retten. Er spritzte Kühen mächtige Dosen von Milzbrandbazillen unter die Schulter und erkannte: „Ist einmal eine Kuh am Milzbrand krank gewesen und hat sie ihn überstanden, so ist sie gegen Milzbrand immun." Nach dem unerhörten Erfolg des Impfexperiments von Pouilly-le-Fort glückte ihm später die Zähmung des bösartigen Bazillus der Hundswut, der Tollwut: von neunzehn russischen Bauern, die von tollen Wölfen gebissen waren, konnte Pasteur nicht weniger als sechzehn geheilt entlassen.

Immer wieder tritt in diesem Leben die saturnische Grundkraft zutage: hohes Alter trotz teilweiser Gelähmtheit, aufrechte Haltung — er konnte über eine Stunde lang unbeweglich und stumm an seinem Schreibpult stehen und über die

Wahl der Worte nachdenken. Seine Devise hieß denn auch: „Per vias rectas“ (Auf geradem Wege), sein letztes Wort: „Ich kann nicht mehr!“

Der große Mikrobenjäger hat seine Lebensanschauung in einer großen Rede zur Feier seines siebzigsten Geburtstages in der altberühmten Sorbonne in die Sätze gefaßt, die so unverkennbar seinem Zeichen entsprechen:

„Lasset euch nicht durch nörgelnde und unfruchtbare Zweifelsucht entmannen, laßt euch nicht entmutigen durch die Traurigkeit gewisser Stunden im Leben der Nationen. Lebet im heiteren Frieden der Bibliotheken und Laboratorien ... Bis dann endlich die Zeit kommen wird, wo ihr das namenlose Glück habt, euch sagen zu können, daß ihr in irgendeiner Weise beigetragen habt zum Fortschritt und zum Heil der ganzen Menschheit ...“

Albert Schweitzer

Neben den Steinbock-Typen, die Reiche aufbauen (wie Caesar) und deren politische Merkmale sich durch Betonung der Mittagssonne verraten, gibt es auch in diesem Zeichen Menschen, die unter der Herrschaft eines uneigennützig dienenden Geistes stehen. Zu diesen Typen gehört als eindrucksvollstes Beispiel Dr. Albert Schweitzer.

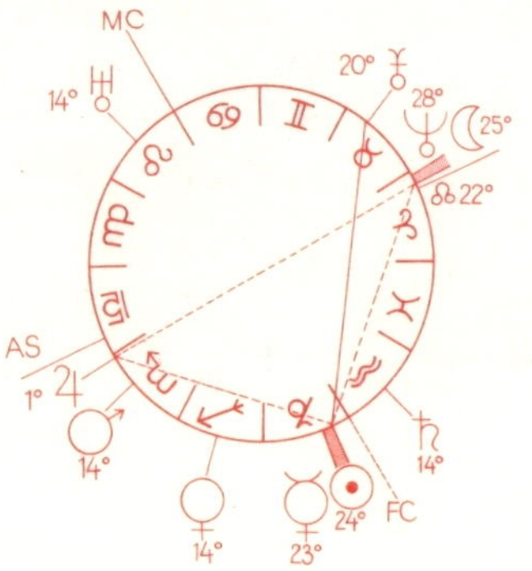

Er kam unter einer überragenden Konjunktion Sonne-Merkur im Steinbock zur Welt: am 14. Januar 1875 in Kaysersberg im Elsaß, kurz vor Mitternacht.

Aus seiner Jugendzeit blieb ihm ein Streich gegen einen alten Juden in Gunsbach im Gedächtnis: der Blick des Greises fiel auf ihn und beschämte ihn zutiefst. Schweitzer setzte es durch, daß der alte Mann respektiert wurde. Seither hat ihn die Feigheit gegenüber allen Wehrlosen immer wieder empört. Neben diesem „großen Ereignis seiner Jugend" erlebte er ein zweites: das Vogel-Massaker. Eines Tages, als er auf Vogeljagd war, läutete plötzlich die Kirchglocke. Das erschütterte sein Gewissen: „Du sollst nicht töten!" Seine Überzeugung war gefestigt: er wollte jene schützen, die leiden müssen.

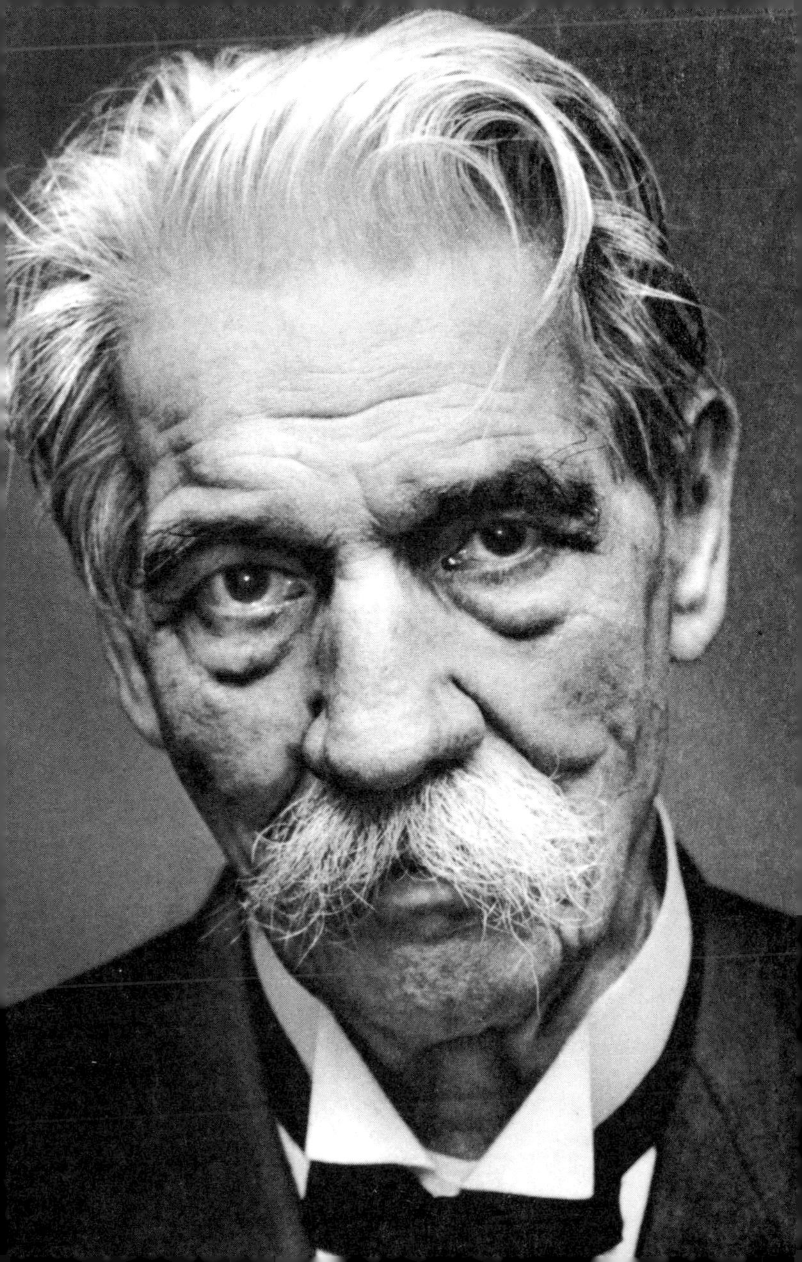

Auf halbem Wege stand er nicht still. Er erforschte sich streng. Er erkannte seine Steinbock-Fehler: allzu große Zurückhaltung, fehlendes Vertrauen zum Nächsten, übermäßige Herzenskälte. „Diese antipathische und unmenschliche Kälte muß bekämpft werden." Er suchte diese Fehler zu überwinden, er übte sich in Herzlichkeit und Solidarität. Er nahm sich selbst in Zucht. Das ging so weit, daß er seine Raucherleidenschaft über Nacht ablegte: „Ich steckte den Tabak in die Dose und rührte ihn nie mehr an."

Dann wandte er sich der Philosophie zu, zumal den großen Denkern Indiens. Das Problem des Bösen, des Übels, des Leidens und der Unwissenheit fesselte ihn vor allem. Statt Licht und Frieden zu finden, verfiel er einem saturnischen Pessimismus. Doch blieb er nicht dort stehen. „Mein Pessimismus darf nicht Resignation sein, sondern Verpflichtung zu weiterer Suche." Er erkannte selbst: „Der Pessimismus hat mir die Augen geöffnet."

Er verzichtete auf rein theoretisches Nachsinnen, um den Pessimismus zu überwinden: er entschloß sich, für andere zu leben, Gott zu dienen in der „Ehrfurcht vor dem Leben".

Vorher aber wandte Schweitzer sich der Theologie zu: der Gestalt Christi. Er wollte wissen, wer Jesus war. Frucht seiner Studien war ein 700 Seiten langes Werk: Die *„Geschichte der Leben-Jesu-Forschung"*.

Nach dieser Etappe bemühte er sich, im Alltagsleben als echter Christ zu wirken, „bereit zu allen Opfern". So begann denn auch sein großes Experiment: „Ich war Professor an der Universität Straßburg, Organist und Schriftsteller. Ich habe alles aufgegeben, um in Äquatorialafrika Arzt zu werden." Warum dies alles? „Verschiedene Schriften und mündliche Zeugnisse von Missionaren haben mir das physische Elend der Eingeborenen im Urwald offenbart ... Es schien mir, daß das Gleichnis vom bösen Reichen und vom armen Lazarus sehr wohl für uns alle gilt. Der Reiche, das sind wir (die Menschen im Westen) ... Der arme Lazarus, das ist der Farbige.

Mehr als wir erfährt er Krankheit und Leiden und besitzt kein Mittel, sie zu bekämpfen ..."

Schweitzer fuhr fort: „Körperliches Elend herrscht überall in Afrika. Haben wir das Recht, vor ihm die Augen zu verschließen und es zu ignorieren, weil die Zeitungen Europas nicht davon sprechen? Wir sind bevorzugt ..."

Als großer Universitätslehrer, hervorragender Organist und bedeutender Theologe hätte Schweitzer ein behagliches Leben führen können. Doch er zog es vor, ein guter Samariter zu werden, der die härtesten Opfer auf sich nimmt, um seinem Gewissen zu gehorchen. Saturnische Selbstentäußerung zählt zum Schwersten, was es gibt: Schweitzer gab alles hin, verzichtete auf die Vorzüge der Zivilisation und auf die Annehmlichkeiten seines Vaterlandes, er wählte Einsamkeit und Schweigen, er rüstete zum schwersten Experiment.

Ohne Personal, ohne Mittel, in mühseligen Lebensverhältnissen, in einem ungesunden Klima, bei unerträglich brennender Sonne und unter Gefahren aller Art, rodete er eine Ecke des Urwaldes, baute Baracken, errichtete das Spital von Lambarene und behandelte Kranke: dreißig bis vierzig jeden Tag. Er kämpfte gegen Hautgeschwüre, gegen Malaria, gegen Schlafkrankheit, gegen Lepra. Mehr als vierzig Jahre lang hat Schweitzer durch sein Werk dazu beigetragen, das Unrecht eines ausbeuterischen Kolonialismus gutzumachen.

Ein Steinbock mit der Sonne in der Himmels-Mitternacht, der ursprünglich dem Pessimismus anheimgefallen war, ist Albert Schweitzer gleichsam zur Verkörperung eines Saturns im Goldenen Zeitalter geworden. Er verwirklichte unter den Menschen ein tätiges Christentum, er hat Friede und Freude gefunden, abseits aller falschen Werte und irdischer Eitelkeiten.

Maurice Utrillo

Bei Utrillos Geburt — am 26. Dezember 1883, um 13 Uhr, in Paris — thronte Steinbock in der Himmelsmitte. Im Zeichen standen: Sonne, Merkur und Venus. Zugleich blickte Saturn übelwollend auf den Mond (disharmonischer Aspekt).

Wenn es einen Maler gibt, der die Bezeichnung „Saturnier" verdient, so ist es Utrillo — zumindest der Utrillo der ersten Lebenszeit: einsiedlerisch, eigenbrötlerisch, elend.

Auf sich allein gestellt, dem Müßiggang und dem Alkohol ergeben, wird der junge Utrillo von seiner Mutter Suzanne Valadon genötigt, zum Pinsel zu greifen. Und dieser Maler wider Willen schickt sich an, Meisterwerke zu schaffen. Dieser Nichtsnutz und hoffnungslos quer zum Leben liegende Scheue, der von Wirtschaft zu Gefängnis, von Gefängnis zu Asyl, vom Asyl wieder zu seiner Mutter wandert, dieser von der Menge verlachte, von den Händlern verspottete und ausgebeutete Maler, der einzig malt, um seiner Trunksucht zu frönen — er malt wie ein Erleuchteter und wie ein Meister.

In der Bilderwelt dieses abseitigen Steinbocks offenbart sich Saturn: Mit der Sorgfalt und Kleinarbeit eines Maurers und mit der Andacht eines Menschen, der Kathedralen baut, entwirft er liebevoll die trüben Fassaden im Montmartre, zeigt er auf seiner Leinwand die trostlose Monotonie der schmutzigen Straßen der Bannmeile, die Trübsal der Gassen und Wege, die trüben Vororte, die öden Chausseen, die Überreste von Wein, die faulenden Bäume, die verwelkten Blätter, die kleinen Landkirchen - eine Welt der armen Leute. Doch er verwandelt sie und erhöht sie dank der Kraft seines künstlerischen Instinkts und der reinen Seele eines Kindes. Der kleinste Stein verwandelt sich unter seinem Pinsel in hohe künstlerische Form.

< Utrillo: Rue Jeanne d'Arc im Winter

Woodrow Wilson

Am 28. Dezember 1856 kam in einem kleinen Nest in Amerika Woodrow Wilson zur Welt: Sonne im Zenit und im Steinbock (politischer Ehrgeiz) zusammen mit Mond und Merkur. Saturn in der Himmelstiefe, in Opposition zur Mittagssonne.

Von Geburt an physisch schwächlich (Opposition Sonne-Saturn), führte Wilson einen heimlichen Kampf mit sich selbst, so daß er eigentlich stets die Züge eines nüchternen, kontrollierten Steinbock-Typs trug, unerschütterlich wie ein Fels.

Ebensosehr zog ihn frühzeitig die Politik an. Schon mit zwölf Jahren zeichnete er die Satzungen eines Knabenklubs auf und stellte in der Folge immer neue Schülervereinigungen auf die Beine. Mit sechzehn Jahren hängte der große, zurückhaltende und fast einsame Jüngling das Bildnis von Gladstone (geboren an einem 29. Dezember, gleiche Steinbock-Sonne wie Wilson) über seinem Schreibtisch auf und beteuerte: „Auch ich habe mich entschlossen, ein Staatsmann zu werden."

Noch zur Schulzeit bereitete er seine Pläne vor. Stannard Baker hat zu Recht betont, Wilson habe 54 Jahre seines Lebens für die Vorbereitung, zehn Jahre zum Leben und drei Jahre zum Sterben aufgewendet.

Typische Steinbock-Eigenschaften! Gesetzesgeist erfüllte sein Wesen ganz und gar. Seine Grundsätze gedachte er ohne Abstriche zu verwirklichen. Hat nicht Clemenceau von ihm erklärt, Wilson spreche „wie Jesus Christus" und er sei „schlimmer mit seinen Vierzehn Punkten als der Allmächtige, dem zehn Gebote genügt hatten".

Als er, im März 1913, das Amt als 28. Präsident der Vereinigten Staaten offiziell antrat, schickte Wilson sich unerschütterlich an, eine ehrwürdige Tradition seines Landes zu beseitigen: die Isolation. Die Folge war, daß „der große Wilson", der Mann, der damals entscheidende Steinbock-Qualitäten entfaltete, im Jahre 1919 an der Pariser Friedenskonferenz mitzuwirken hatte.

In Versailles machte Wilson recht bald den Eindruck eines Geistlichen, der sich in die Politik verirrt hat. Er kam als großer Theoretiker, der sich von abstrakten Prinzipien leiten ließ. Ihm standen politische Führer der Entente gegenüber, Verfechter sehr positiver Ansprüche der Siegermächte. Wilson hatte es mit der „guten alten“ Diplomatie zu tun. Der Friede, wie er ihn auffaßte, sollte sich nicht ausschließlich auf das Recht stützen; er sollte auch auf einem moralischen Prinzip beruhen. Besser noch: der Friede sollte „das Resultat einer wissenschaftlich-objektiven Untersuchung, abseits von jeder Leidenschaftlichkeit“ bilden. Dafür hätten „positive Verantwortlichkeiten“ bürgen sollen.

Der großherzige Reformator traf mit einer unerwarteten Abordnung von Historikern, Geographen, Ethnographen, Ethnologen, Finanzleuten und verschiedenen weiteren Wissenschaftern in Paris ein, die Sachverständigenkommissionen von Spezialisten und Technikern bilden sollten, mit dem Auftrag,

objektiv die wissenschaftlichen Tatbestände der zahlreichen Friedensprobleme zusammenzufassen. Nach dieser Auffassung hätten sich die Staatsmänner damit begnügen sollen, aus all diesen gelehrten Arbeiten die politischen Lösungen zu ziehen. Das Schicksal der Völker sollte „nach dem Schiedsspruch der Experten“ und nicht nach der Willkür der Stärkeren geregelt werden.

Wilson selbst hatte eine „Friedensdoktrin“ aufgestellt: seine berühmten Vierzehn Punkte. Vorgesehen war dabei insbesondere die Schaffung eines Völkerbundes, der befugt sein sollte, jede aggressive Regierung mit Machtmitteln zur Vernunft zu bringen.

Ohne Zweifel brach mit ihm zum erstenmal ein Staatsmann offen mit einem Zeitalter, das sich in der Agonie befand und suchte einem neuen politischen Realismus die Bahn freizumachen — gestützt freilich auf den Glauben an soziale und gesellschaftliche Zwangsläufigkeit. Ein solcher Idealismus Wilsons konnte von vorneherein nur zum Scheitern verurteilt sein. Klares Symbol dieses Fehlschlags war in seinem Horoskop die Opposition Sonne-Saturn auf der Zenit-Nadirachse.

Die Friedenskonferenz gebar ein Ungeheuer: den Versailler Vertrag, den zu ratifizieren der amerikanische Senat sich weigerte.

Das bedeutete den Bankrott seines Werkes.

Dabei hatte Wilson versichert: „Nichts steht im Vertrag, was nicht mit dem Geiste der Vierzehn Punkte übereinstimmen würde.“

An den Wahlurnen verleugnet, innerlich verbraucht, unheilbar krank, gelähmt, stumm, einsam, ging Wilson an der Zerstörung seines politischen Werkes selber zugrunde.

Er hatte eine Steinbock-geprägte Politik der Strenge, der Objektivität, der Uneigennützigkeit und hoher moralischer Prinzipien einführen wollen. Er hatte recht. Aber er brach zusammen und erhob sich nie mehr: Saturn, die Realität, war gegen ihn.

THEORETISCHES

Kurze Anleitung für astrologische Berechnungen

„Wir sind zu einem gegebenen Augenblick, an einem gegebenen Ort geboren worden, und wir besitzen, gleich wie berühmte Weinsorten, die Qualitäten des Jahres und der Jahreszeit, die uns zur Welt kommen sah. Nicht mehr behauptet die Astrologie." C. G. Jung („Seelenprobleme der Gegenwart")

Astrologie bedeutet: Glaube an eine Welt universaler Entsprechungen. Die zwölf Bände der Tierkreistypen wollen nichts anderes, als einem tiefeingewurzelten Vorurteil zu Leibe zu rücken — dem Vorurteil, es genüge, in einem bestimmten Zeichen geboren zu sein, um damit auch zwangsläufig dem Typ zu gleichen, der diesem entspricht. Das ist eine unzulässige Vereinfachung, denn es gäbe dann nur zwölf große Menschentypen: in Beziehung zum jeweiligen Tierkreismonat. Die Wahrheit ist ungleich vielfältiger.

Es liegt uns fern, den Prozeß der Astrologie, dieser großen Unbekannten, abermals aufzurollen. Wir gedenken auch nicht, mit der Beweiskraft von Statistiken aufzutrumpfen. Überzeugendes Material, vor dem die Gegner der Astrologie verstummen, ist in jedermann zugänglichen Werken ausgebreitet.

Zwischen astrologischem Aberglauben und astrologiefeindlichen Vorurteilen soll die Stellung echter, wahrer Astrologie umrissen werden.

Liegt in der Tierkreis-Deutung eine Wahrheit, so lohnt es sich, sie in ihren redlichen Grenzen kennenzulernen, im Sinne von Prof. Hans Bender (Universität Freiburg i. Br.):

„Kulturgeschichte und Tiefenpsychologie . . . anerkennen in den astrologischen Symbolen den uralten Niederschlag psychologischer Erfahrung und Intuition. So stellen die zwölf Zeichen des Tierkreises ein Dutzend menschlicher Typen und Haltungen gegenüber dem Leben dar . . ."

Der Tierkreis

Wollen wir einen astronomischen Überblick gewinnen, so müssen wir uns zunächst die Erde im Raum vorstellen. Wir erkennen dabei folgendes: unsere Erde dreht sich regelmäßig um sich selbst, und zwar um eine angenommene Achse, die durch ihre Mitte verläuft und Nord- und Südpol bildet. Halbwegs zwischen den beiden Polen und senkrecht zu dieser Achse befindet sich der irdische Äquator. Er teilt unsere Erde in zwei gleiche Hälften, in die nördliche und die südliche Halbkugel.

Um die als Mittelpunkt betrachtete Erde wölbt sich das Universum mit seinen Planeten und Sternen. Dieses Universum wird durch eine angenommene Kreisebene dargestellt, deren Mittelpunkt der Beobachtungsort (für die

Astrologie: der Geburtsort) ist. Der Himmelsraum weist dieselben Koordinaten wie unsere Erde auf. Nord- und Südpol dieser Kreisebene verlängern diejenigen der Erde. Auf gleicher Ebene dagegen liegen der Himmels- und der Erdäquator.

Die Beobachtung der Himmelsbewegungen, wie wir sie wahrnehmen, zeigt, daß die Sonne im Himmelsraum einen großen Bogen beschreibt, welcher, hinsichtlich der Sterne, ihre Jahresbahn bestimmt: die Ekliptik. Dieser „schiefe Kreis" hat eine Abweichung von 23° vom Himmelsäquator.

Die Ekliptik oder jährliche Sonnenbahn ist nun in die zwölf Sektoren des Tierkreises aufgeteilt. Man spricht von einem Himmelsgürtel, dem entlang die Sterne unseres Planetensystems wandern. In 17° breitem Gürtel ziehen sie ihre Bahn und vollenden ihre Umlaufzeit. Der Tierkreis ist die „Himmelsbahn", auf der sich der Sternenreigen unserer Planetenwelt vollzieht.

Diese Welt überträgt man auf eine Kreisebene von 360°. Sie wird seit undenklichen Zeiten (bei den Azteken wie in Babylon) in zwölf gleiche Teile gegliedert, die die zwölf Tierkreiszeichen darstellen. Jeder Teil hat eine Ausdehnung, die 30° Länge, von der Ekliptik aus gerechnet, entspricht. Dazu kommt noch eine Unterteilung in Dekanate: jedes Zeichen wird in drei Dekanate von je 10° gegliedert. Doch bleibt der *Einfluß*, den man diesen Dekanaten beimißt, problematisch und wird selten berücksichtigt. Die Sonne selbst rückt täglich um rund 1° vor. Sie durchläuft somit monatlich ein Zeichen, jährlich den gesamten Tierkreis:

Die Himmelskarte

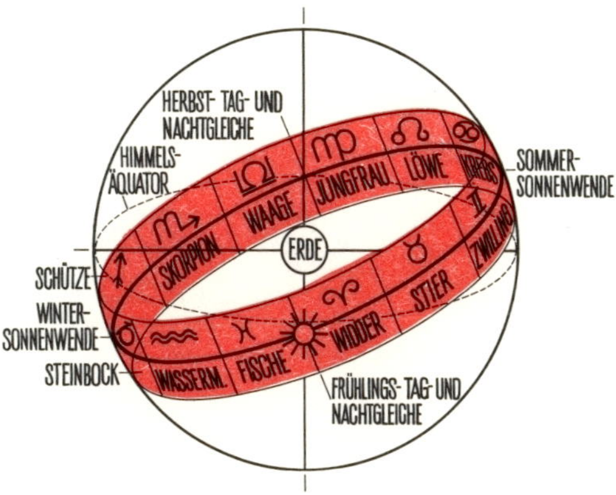

Zeichen	*Symbole*	*Länge*	*Daten*		
Widder	♈	0°— 30°	21. März	bis	20. April
Stier	♉	30°— 60°	21. April	bis	20. Mai
Zwillinge	♊	60°— 90°	21. Mai	bis	21. Juni
Krebs	♋	90°—120°	22. Juni	bis	22. Juli
Löwe	♌	120°—150°	23. Juli	bis	22. August
Jungfrau	♍	150°—180°	23. August	bis	22. September
Waage	♎	180°—210°	23. September	bis	22. Oktober
Skorpion	♏	210°—240°	23. Oktober	bis	21. November
Schütze	♐	240°—270°	22. November	bis	20. Dezember
Steinbock	♑	270°—300°	21. Dezember	bis	19. Januar
Wassermann	♒	300°—330°	20. Januar	bis	18. Februar
Fische	♓	330°—360°	19. Februar	bis	20. März

Für den Astrologen bedeutet der Ausdruck „in einem bestimmten Zeichen geboren“, daß unser Hauptgestirn, unser Licht-, Wärme- und Lebensspender, die Sonne, bei der Geburt eine Tierkreisstellung zwischen dem ersten und letzten Grad des betreffenden Zeichens einnimmt. Daher bedeutet die Wendung „geboren im Zeichen des Widder“, daß man zwischen dem 21. März und dem 20. April zur Welt gekommen ist.

Obschon die Sonne in unserer Planetenwelt eine hervorragende Stellung einnimmt, ist sie nicht das einzige Gestirn, das die Astrologie berücksichtigt. Die Sonne setzt den Begleitzug der Planeten in Bewegung: Mond, Merkur, Venus, Mars, Jupiter, Saturn, Uranus, Neptun und Pluto.

Steht nur die Sonne in einem Zeichen, so fühlt sich der betreffende Mensch von diesem und damit von seiner Tierkreis-Familie nicht wirklich geprägt; im Grunde seiner Seele entdeckt er höchstens einzelne zutreffende Züge.

Die Ähnlichkeit tritt erst offen, doch nicht vollkommen zutage, wenn einer oder mehrere Planeten sich in Sonnennähe im Tierkreis aufhalten und zusammen das gleiche Zeichen besetzen. Das gilt oft für die Planeten Merkur und Venus, die in der Nähe der Sonne kreisen und sich nie weit von ihr entfernen. So geschieht es häufig, daß Merkur oder Venus (oder beide zugleich) mit der Sonne ein und dasselbe Zeichen bewohnen. Man begreift, daß die *Tierkreis-Signatur* damit zum entscheidenden Kennzeichen wird. Die Bedeutung des Zeichens wächst mit der Zahl der einzelnen Faktoren (Planeten, Aszendent, Himmelsmitte).

Ein Blick auf die Horoskope, die in jedem Buch dieser Sammlung aufgeführt sind, zeigt, daß die historischen Beispiele zur Erläuterung jedes Zeichens Fälle von Planetenanhäufungen in dem entsprechenden Zeichen verkörpern. Es sind dies Typen, wie sie reiner kaum gedacht werden können.

Doch geht es nicht allein um die Gestirne. Die Bewegung der Erddrehung stellt auch ein Schicksalsrad dar, das nacheinander die Werte der zwölf Zeichen im Laufe des Tages zur Geltung bringt; es ist dies eine Frage des Ortes und des Geburtsmoments. Der bedeutendste Punkt ist der Tierkreis-Grad, der, zur

Stunde und am Orte der Geburt, die Spitze des Ost-Horizonts bildet: dort „steigen" die Sterne auf, dort beginnt der Tag, wenn die Sonne sich dort befindet. Dieser besondere Punkt wird *Aszendent* (Aufstieg der Sterne), das dort befindliche Tierkreiszeichen *Aszendent-Zeichen* genannt, das Zeichen des Geburtsmonats dagegen *Sonnen-Zeichen*.

Das Sonnenzeichen ist gleichzeitig Aszendent-Zeichen, wenn die Geburt bei Sonnenaufgang stattfindet. Angesichts der doppelten Geltung ein und desselben Zeichens ergibt sich ein besonders stark geprägter Typ. Das Aszendent-Zeichen (gewöhnlich: Aszendent) hat ebensoviel Bedeutung wie das Sonnenzeichen, wenn nicht noch mehr. Fand die Geburt nicht bei Tagesanfang statt, so sind die Tierkreiszeichen der Sonne und des Aszendenten zu berücksichtigen. Auf Seite 117 ff. finden Sie Tabellen, mit deren Hilfe Sie Ihren Aszendenten in kurzer Zeit errechnen können.

Der Symbolismus eines Zeichens ist also auch bei einem Menschen zu erkennen, der nicht in dem entsprechenden Tierkreismonat geboren ist. Ein Beispiel: jemand, der nicht im Widder geboren ist, kann dennoch ein höchst ausgeprägter Widder sein. Es genügen Aszendent und einige Planeten, ohne die Sonne, im Widder; umgekehrt braucht ein in einem bestimmten Zeichen Geborener nicht dem Typ dieses Zeichens zu entsprechen, wenn dieses nur von der Sonne

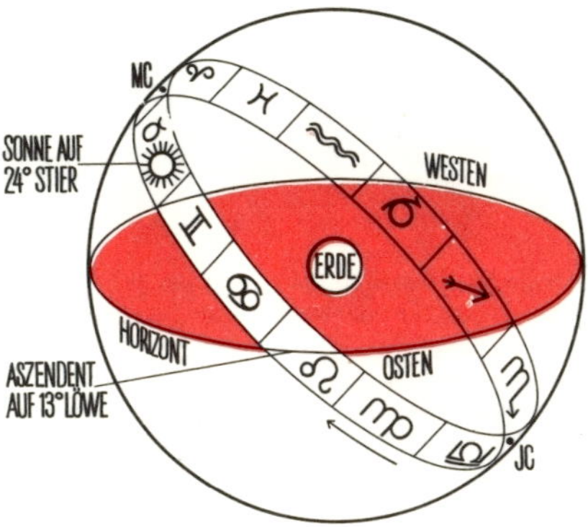

Dieser Mensch, geboren an einem 15. Mai in Frankreich um 10 Uhr ist im Zeichen Stier geboren; sein Aszendent-Zeichen ist der Löwe. Der Aszendent befindet sich auf der Zeichnung am Kreuzpunkt des Tierkreises und der Horizontlinie.

besetzt ist. Was für den einzelnen gilt, ist indes nicht für eine ganze Gruppe gültig: wenn auch nicht alle Nativen eines Zeichens die Merkmale des bestimmten Tierkreistyps tragen, so kann sich doch eine große Mehrheit im Gesamtbild wiedererkennen. Wir stehen damit vor einer *Typenlehre,* die auf der Statistik gründet und als solche für die große Zahl gilt — ohne daß damit für diesen oder jenen besonderen Fall unbedingte Übereinstimmung verbürgt wäre.

Welches sind die Grenzdaten der Tierkreiszeichen? Wann treten wir ins Zeichen des Widder, wann verlassen wir es? Die Übergänge können von Jahr zu Jahr schwanken, Abweichungen bis zu einem Tag auftreten. So trat die Sonne 1955 am Vormittag des 21. März in den Widder, 1956 am Nachmittag des 20. März und 1957 am Abend des 20. März. Einzig die astronomischen Ephemeriden geben Auskunft, ob der am 20. oder 21. März Geborene Fisch oder Widder und ob ein am 20. oder 21. April Geborener Widder oder Stier ist.

Wie weit das Sonnenzeichen Bedeutung gewinnt oder ob nicht ein anderes Zeichen die Persönlichkeit prägt, ist nur aus der Berechnung des Horoskops auf Grund der Geburtsminute zu erfahren.

In der Astrologie wie in der Psychologie entspricht der *Typ,* das Allgemeinbild, einer Art allgemeiner *Signatur* des einzelnen. Er bezeichnet den Charakter- und Lebensstil so sehr, daß eine stark geprägte Persönlichkeit in ihrer Eigenart sich überall erkennen läßt, im einzelnen wie im ganzen. Trägt daher ein bestimmter Mensch den Stempel eines bestimmten Zeichens, so bleibt er von ihm geprägt: im Alltagsverhalten wie in besondern Lebensumständen.

Diese Signatur wird freilich oft nur bruchstückhaft offenbar. Sie beschränkt sich auf einige wenige Aspekte des Menschen und bleibt doch von Bedeutung.

Von größter Wichtigkeit für die Bestimmung des Individualbildes sind daher die Planetenstellungen, und zwar so weitgehend, daß zwei im selben Zeichen geborene Menschen dennoch außerordentlich verschieden sein können.

Die Häuser

Wenn wir dem irdischen Tageslauf (Erdumdrehung) folgen, stehen wir im Rahmen des Erdortes; der Himmelsraum (der Raum um einen Geburtsort) wird zweifach geteilt: durch den *Horizontkreis* in eine sichtbare Hälfte (den Himmel über uns) und in eine unsichtbare Hälfte (den Himmel unter uns) sowie durch den *Meridiankreis* in eine östliche und eine westliche Hälfte. Dadurch ergeben sich vier Tagesabschnitte:

Mitternacht:	die Sonne geht über den unteren Meridian (Himmelstiefe, Imum Coeli = I. C.)
Vormittag:	die Sonne geht am Osthorizont auf (Aszendent = A. S.)
Mittag:	die Sonne steht in der Himmelsmitte (Medium Coeli = M. C.)
Abend:	die Sonne geht am Westhorizont unter (Deszendent)

Diese vier Himmelspunkte sind besonders wichtig. Befindet sich dort ein Planet, so heißt das: ein Planet läuft über die Himmelstiefe, er geht auf, kulminiert oder geht unter; er dominiert und prägt die Persönlichkeit.

Die Zwölfteilung, die wir beim „himmlischen“ Tierkreis feststellen, kehrt wieder im „irdischen“ Schicksalskreis. Wir sprechen von Häusern oder Feldern.

Der Aszendent bestimmt die Spitze des I. Hauses, die Himmelstiefe die des IV. Hauses, der Deszendent die des VII. Hauses, und die Spitze des X. Hauses stimmt mit der Himmelsmitte überein.

Die Bedeutungen der zwölf Häuser:

I.	Haus	Die Persönlichkeit und ihre Triebrichtungen
II.	Haus	Ihre Verwirklichung: Besitz, Erwerb, Güter, Reichtum
III.	Haus	Ihre Umweltbeziehungen: Geschwister, Verwandte, Nachbarn; Bildung, Schrifttum, kleine Reisen
IV.	Haus	Ihre Herkunft: Familie, Eltern, Grund und Boden, Heim
V.	Haus	Ihre Vergnügen: Spiel, Liebesleben, Kinder
VI.	Haus	Ihre Dienstbarkeit: Arbeit, Gesundheit, Untergebene
VII.	Haus	Ihre Ergänzungswelt oder Gegnerschaft: Ehe, Teilhaberschaft, Partner und offene Feindschaft
VIII.	Haus	Ihr Tod (Erbschaft), Krisen und Wandlung
IX.	Haus	Ihre höhere Geistigkeit: höhere Erkenntnis, Geistesleben und große Reisen
X.	Haus	Ihre soziale Stellung: Karriere, Beruf, Ruhm, Ehren
XI.	Haus	Ihre Freundschaften und Gönner
XII.	Haus	Ihre Prüfungen: Krankheiten, Verleumdungen, Verbannung, geheime Feinde

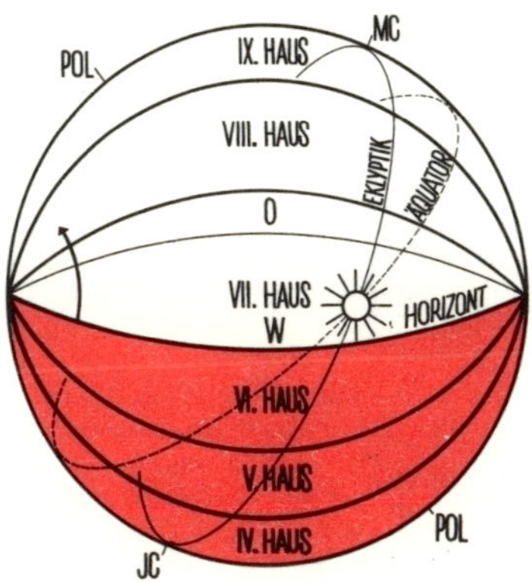

Die Planeten

So durchlaufen die himmlischen Gestirne, Lichter und Planeten die Zeichen des Tierkreises und die verschiedenen Häuser. Zeichen und Planeten wirken zusammen. In jedem Zeichen ergibt sich eine neue Kombination.

Sonne:	☉	Willenskräfte, Leben, Licht, Selbstbewußtsein, sittliches Bewußtsein, Stolz, Mut
Mond:	☾	Psychische Kräfte, Stoff, Unbewußtes, Gefühl, Romantik, Phantasie
Merkur:	☿	Das begriffliche Denken, Verstandeskräfte, Vernunftdenken, Austausch, Bewegung
Venus:	♀	Daseinsbejahung, Eros, Ästhetik, Kunst
Mars:	♂	Tatkraft, Kampfgeist, Spannung, Leidenschaft
Jupiter:	♃	Wohlwollen, Güte, Rechtlichkeit, Religiosität, Wohlstand, Zuversicht
Saturn:	♄	Hemmung und Vertiefung, Konzentration, Abkehr vom Leben
Uranus:	♅	Inspiration, Originalität, Unabhängigkeit
Neptun:	♆	Intuition, Mystik, Idealismus, Irrungen und Wirrungen
Pluto:	♇	die Macht der höllischen Kräfte der Seele

Die Aspekte

Je nach den Abständen zwischen zwei Planeten spricht man von verbundenen oder unverbundenen Planeten. Diese Verbindungen werden qualitativ gewertet. Es gibt harmonische und disharmonische Verbindungen. Man nennt sie: Aspekte.

So spricht man von *Konjunktionen,* wenn zwei Planeten sich auf der gleichen Tierkreisstelle vereinigen oder nur wenige Grad voneinander getrennt sind. Entsprechend den Planeten erfährt diese Verbindung eine positive oder negative Wertung. Im übrigen gibt es Aspekte, die traditionsgemäß als günstig betrachtet werden, weil sie harmonisch wirken. Von dieser Art ist das *Sextil,* eine Winkelbildung von 60°, und vor allem das *Trigon,* eine Winkelbildung von 120°.

Die Erfahrung lehrt, daß andere Verbindungen ungünstig wirken; durch die Winkelbildung der Planeten entsteht ein Zusammenwirken, bei dem sich deren Kräfte gegenseitig behindern und stören. Zu dieser Art zählt das *Quadrat,* eine Winkelbildung von 90°, und die *Opposition,* bei welcher zwei Planeten einander gegenübergestellt sind.

Je genauer ein Aspekt ist, desto intensiver wirkt er.

Die Konstellationen

Die Deutung der Himmelskarte besteht im Erfassen und Entziffern der Konstellationen, wie das Horoskop sie aufzeichnet.

Drei Elemente gehören zu einer einfachen *Konstellation:* Planet ohne Aspekt, Zeichen und Haus, zumal wenn eine innere Verwandtschaft vorliegt. Dies ist der Fall für den Planeten Venus in einem Venuszeichen (Waage oder Stier) im VII. Haus: das Liebesgefühl, ausgedrückt durch die Anwesenheit des Planeten, verstärkt sich im Zeichen der Zuneigung und äußert sich im Bereich der Ehe im VII. Haus (glückliche Liebesehe).

Selten aber bietet sich ein so eindeutiges Bild. Zu berücksichtigen sind: Planet im Zeichen, Planet im Haus, Zeichen des Hauses, Aspekte des Planeten, Position des Planeten, der das Zeichen beherrscht. Deshalb muß die Konstellation Gegenstand einer gründlichen *Analyse* werden.

Bei der Analyse der Konstellation dürfen wir aber nicht stehenbleiben. Der nächste Schritt heißt: *Synthese.* Die einzelnen Bildteile müssen nun zu einem Gesamtbild zusammengefügt werden. Erst dieses offenbart das Individuum in seiner Einzigartigkeit. Im Individualbild ist auch das Typenbild wiederzuerkennen, jedoch in einer Deutlichkeit, die mit keinem andern verwechselt werden kann. Man spricht dann nicht mehr vom Saturn schlechthin, sondern von der Saturnkraft eines bestimmten Menschen.

Entdecken Sie selbst Ihr Aszendent-Zeichen

Es ist wichtig, vorerst die Ortszeit der Geburt zu kennen.

Deutschland *

Bis zum *1. April 1892* für Süddeutschland und bis zum *1. April 1893* für Norddeutschland war die angegebene Geburtszeit gleichzeitig auch Ortszeit: es ist deshalb für Geburten *vor* diesen Daten keine besondere Berechnung nötig.

Seit dem *1. April 1892* für Süd- und seit dem *1. April 1893* für Norddeutschland gilt die angegebene Geburtszeit für den Meridian von Görlitz, 15° östliche Länge. Für jede Geburt *nach* diesen Daten ist die Zeitdifferenz vom Geburtsort zu diesem Meridian zu berücksichtigen.

So ist für Geburten, die nach diesen Daten (1892 und 1893) stattgefunden haben, die Zeitdifferenz bei *östlicher* Lage des Geburtsortes zu der gegebenen Geburtszeit *hinzuzuzählen* und bei *westlicher* Lage des Geburtsortes von der gegebenen Geburtszeit *abzuziehen.*

Die nachstehende Tabelle enthält die Zeitdifferenzen der größeren Städte Deutschlands. Das Zeichen + bedeutet, daß die Zeitdifferenz *zuzuzählen* ist,

* Angaben für die Schweiz und Österreich siehe S. 119 und 121

das Zeichen — bedeutet, daß die Zeitdifferenz *abzuziehen* ist. Für Geburten in Städten außerhalb dieser Liste genügt es, die nächstgelegene Stadt zu berücksichtigen.

Aachen	— 35 min.	Heidelberg	— 25 min.
Augsburg	— 16 min.	Jena	— 14 min.
Berlin	— 6 min.	Kassel	— 22 min.
Bonn	— 31 min.	Kiel	— 19 min.
Braunschweig	— 18 min.	Köln	— 32 min.
Bremen	— 25 min.	Königsberg	+ 22 min.
Breslau	+ 8 min.	Konstanz	— 23 min.
Chemnitz	— 8 min.	Leipzig	— 10 min.
Danzig	+ 15 min.	Lübeck	— 17 min.
Dresden	— 5 min.	Magdeburg	— 13 min.
Düsseldorf	— 33 min.	Mainz	— 27 min.
Essen	— 32 min.	Mannheim	— 26 min.
Frankfurt a. M.	— 25 min.	München	— 14 min.
Frankfurt a. O.	— 2 min.	Nürnberg	— 16 min.
Freiburg i. B.	— 29 min.	Regensburg	— 12 min.
Halle	— 12 min.	Saarbrücken	— 32 min.
Hamburg	— 20 min.	Stuttgart	— 23 min.
Hannover	— 21 min.	Würzburg	— 20 min.

Sommerzeit

Außerdem ist es wichtig, für die Jahre, in denen die Sommerzeit galt, von der gegebenen Geburtszeit *eine Stunde abzuziehen.* Nachstehend die Daten der *deutschen und österreichischen* Sommerzeit.

Jahr	*Einführungsdatum*		*Ende der Sommerzeit*
1916	30. April	bis	1. Oktober
1917	16. April	bis	17. September
1918	15. April	bis	16. September
1940/1942	1. April 1940	bis	2. November 1942
1943	29. März	bis	3. Oktober
1944	3. April	bis	7. Oktober
1945	2. April	bis	16. September

ab diesem Datum keine Sommerzeit mehr.

Wenn wir die Ortszeit kennen, berechnen wir die Sternzeit der Geburt. Wir zählen zu der Ortszeit (von 0 Uhr — 24 Uhr) die Sternzeit des Geburtstages. Diese Sternzeit finden wir in der nebenstehenden Tabelle. Sie entspricht der Zahl am Kreuzpunkt der senkrechten Kolonne des Monats mit der waagrechten Kolonne des Tages. Die Sternzeit des 8. Juni: 17 h 03 m.

Sternzeittabelle

Tag	Jan.	Febr.	März	April	Mai	Juni	Juli	Aug.	Sept.	Okt.	Nov.	Dez.
	h m	h m	h m	h m	h m	h m	h m	h m	h m	h m	h m	h m
1	6 34	8 38	10 33	12 36	14 33	16 36	18 34	20 37	22 39	0 37	2 39	4 38
2	6 40	8 42	10 37	12 40	14 37	16 40	18 38	20 41	22 43	0 41	2 43	4 42
3	6 44	8 46	10 40	12 44	14 41	16 43	18 42	20 45	22 47	0 45	2 47	4 46
4	6 48	8 50	10 44	12 48	14 45	16 47	18 46	20 49	22 51	0 49	2 51	4 50
5	6 52	8 54	10 48	12 52	14 49	16 51	18 50	20 53	22 55	0 53	2 55	4 54
6	6 56	8 58	10 52	12 55	14 53	16 55	18 54	20 57	22 59	0 57	2 59	4 57
7	7 00	9 02	10 56	12 58	14 57	16 59	18 58	21 00	23 03	1 01	3 03	5 01
8	7 04	9 06	11 00	13 02	15 01	17 03	19 02	21 04	23 07	1 05	3 07	5 05
9	7 08	9 10	11 04	13 06	15 05	17 07	19 06	21 08	23 11	1 09	3 11	5 09
10	7 12	9 14	11 08	13 10	15 09	17 11	19 10	21 12	23 14	1 13	3 15	5 13
11	7 15	9 18	11 12	13 14	15 13	17 15	19 14	21 16	23 18	1 17	3 19	5 17
12	7 19	9 22	11 16	13 18	15 17	17 19	19 18	21 20	23 22	1 21	3 23	5 21
13	7 23	9 26	11 20	13 22	15 21	17 23	19 22	21 24	23 26	1 25	3 27	5 25
14	7 27	9 30	11 24	13 26	15 24	17 27	19 26	21 28	23 30	1 29	3 31	5 29
15	7 31	9 33	11 28	13 30	15 28	17 31	19 30	21 32	23 34	1 32	3 35	5 33
16	7 35	9 37	11 32	13 34	15 32	17 34	19 34	21 36	23 38	1 36	3 39	5 37
17	7 39	9 41	11 36	13 38	15 36	17 38	19 38	21 40	23 42	1 40	3 43	5 41
18	7 43	9 45	11 40	13 42	15 40	17 42	19 42	21 44	23 46	1 44	3 47	5 45
19	7 47	9 49	11 44	13 46	15 44	17 46	19 46	21 48	23 50	1 48	3 50	5 49
20	7 51	9 53	11 48	13 50	15 48	17 50	19 49	21 52	23 54	1 52	3 54	5 53
21	7 55	9 57	11 52	13 54	15 52	17 54	19 53	21 56	23 58	1 56	3 58	5 57
22	7 59	10 01	11 55	13 58	15 56	17 58	19 57	22 00	0 02	2 00	4 02	6 01
23	8 03	10 05	11 58	14 02	16 00	18 02	20 02	22 04	0 06	2 04	4 06	6 05
24	8 07	10 09	12 02	14 06	16 04	18 06	20 06	22 08	0 10	2 06	4 10	6 09
25	8 11	10 13	12 06	14 10	16 08	18 10	20 10	22 12	0 14	2 12	4 14	6 13
26	8 15	10 17	12 10	14 14	16 12	18 14	20 14	22 16	0 18	2 16	4 18	6 17
27	8 19	10 21	12 14	14 18	16 16	18 18	20 18	22 20	0 23	2 20	4 22	6 21
28	8 23	10 25	12 18	14 22	16 20	18 22	20 22	22 24	0 26	2 24	4 26	6 24
29	8 26	10 29	12 22	14 26	16 24	18 26	20 26	22 27	0 30	2 28	4 30	6 28
30	8 30		12 26	14 29	16 28	18 30	20 30	22 31	0 34	2 32	4 34	6 32
31	8 34		12 30		16 32		20 33	22 35		2 36		6 36

Nun kennen wir die Sternzeit der Geburt (Ortszeit plus Sternzeit des Geburtstages) und brauchen uns nur noch der Tabelle I (Seite 118) bzw. II (Seite 120) zuzuwenden, um das Aszendent-Zeichen zu finden. Jedes der zwölf Zeichen hat seinen besonderen Stunden-Fahrplan.

In diesen Tabellen sind die Positionen für die entsprechenden Breiten von 48°, 51° und 54° (Deutschland/Österreich) berechnet:

Süddeutschland und Österreich

Augsburg
Bamberg
Eßlingen
Freiburg i. B.
Graz
Innsbruck
Linz
Mannheim
München
Nürnberg
Regensburg
Saarbrücken
Salzburg
Stuttgart
Trier
Tübingen
Ulm
Wien
Bregenz
Klagenfurt
Villach

Mittel-deutschland

Berlin
Bonn
Breslau
Dresden
Düsseldorf
Essen
Frankfurt a. M.
Frankfurt a. O.
Hannover
Kassel
Köln
Leipzig
Magdeburg
Mainz

Nord-deutschland

Bremen
Danzig
Hamburg
Kiel
Königsberg
Lübeck
Oldenburg
Rostock
Stettin

Tabelle I

Süddeutschland und Österreich

Löwe	0 h 33 m — 3 h 16 m	Wassermann	15 h 45 m — 17 h 01 m
Jungfrau	3 h 16 m — 6 h 00 m	Fische	17 h 01 m — 18 h 00 m
Waage	6 h 00 m — 8 h 43 m	Widder	18 h 00 m — 18 h 59 m
Skorpion	8 h 43 m — 11 h 27 m	Stier	18 h 59 m — 20 h 15 m
Schütze	11 h 27 m — 13 h 55 m	Zwillinge	20 h 15 m — 22 h 05 m
Steinbock	13 h 55 m — 15 h 45 m	Krebs	22 h 05 m — 0 h 33 m

Mitteldeutschland

Löwe	0 h 21 m — 3 h 10 m	Wassermann	15 h 57 m — 17 h 06 m
Jungfrau	3 h 10 m — 6 h 00 m	Fische	17 h 06 m — 18 h 00 m
Waage	6 h 00 m — 8 h 49 m	Widder	18 h 00 m — 18 h 54 m
Skorpion	8 h 49 m — 11 h 40 m	Stier	18 h 54 m — 20 h 02 m
Schütze	11 h 40 m — 14 h 10 m	Zwillinge	20 h 02 m — 21 h 51 m
Steinbock	14 h 10 m — 15 h 57 m	Krebs	21 h 51 m — 0 h 21 m

Norddeutschland

Löwe	0 h 07 m — 3 h 04 m	Wassermann	16 h 10 m — 17 h 14 m
Jungfrau	3 h 04 m — 6 h 00 m	Fische	17 h 14 m — 18 h 00 m
Waage	6 h 00 m — 8 h 56 m	Widder	18 h 00 m — 18 h 46 m
Skorpion	8 h 56 m — 11 h 52 m	Stier	18 h 46 m — 19 h 50 m
Schütze	11 h 52 m — 14 h 27 m	Zwillinge	19 h 50 m — 21 h 33 m
Steinbock	14 h 27 m — 16 h 10 m	Krebs	21 h 33 m — 0 h 07 m

Beispiele zur Berechnung der Sternzeit

Geburt vom 15. Juli 1890 um 13 h 30 m in Hannover.
1890 liegt vor dem 1. April 1893: keine Änderung, 13 h 30 m ist Ortszeit. Die Sternzeit des 15. Juli ist 19 h 30 m. Die Sternzeit zur Geburt ist also:
13 h 30 m + 19 h 30 m = 33 h 00 m.
Da man immer eine Zahl unter 24 h erhalten muß, ergibt sich
33 h 00 m — 24 h = *9 h 00 m*
Für Hannover in Mitteldeutschland entspricht die Sternzeit von 9 h 00 m dem Aszendenten im Skorpion (zwischen 8 h 49 m und 11 h 40 m).
Geburt vom 1. August 1940 um 6 h 45 m in Bonn.
Für Bonn ist (seit 1893) die Zeitdifferenz von 31 min. abzuziehen.
6 h 45 m — 31 m = 6 h 14 m.
Außerdem war die Sommerzeit vom 1. April 1940 bis 1942 in Kraft, es ist also 1 Stunde Sommerzeit abzuziehen:
6 h 14 m — 1 h = 5 h 14 m.

Somit beträgt die Ortszeit	5 h 14 m	
für den 1. August beträgt die Sternzeit	+ 20 h 37 m	= 25 h 51 m
		— 24 h
Sternzeit der Geburt		= 1 h 51 m

Für Bonn in Mitteldeutschland ergibt sich für die Sternzeit 1 h 51 m der Löwe als Aszendent-Zeichen (zwischen 0 h 21 m bis 3 h 10 m).

Schweiz

Für die *Schweiz* galt vor dem 1. Juni 1894 die Ortszeit von Bern, so daß für Geburten vor diesem Datum praktisch keine Korrektur erforderlich ist. Man geht von einer ungefähren Ortszeit aus.

Seit dem 1. Juni 1894 gilt für die ganze Schweiz die mitteleuropäische Zeit, die um eine Stunde der westeuropäischen (Meridian von Greenwich) vorgeschritten ist.

Von der gegebenen Geburtszeit ist daher eine Stunde abzuziehen (= Greenwich-Zeit der Geburt). Hinzu kommen die in Minuten umgerechneten Längengrade des Geburtsortes (siehe Tabelle Seite 120).

So erhält man die Ortszeit der Geburt.

Tabelle einiger Städte in der Schweiz, deren Länge (in Minuten) *zur gegebenen Geburtszeit zugezählt* werden muß. Für Orte außerhalb dieser Liste genügt es, die nächstgelegene Stadt zu berücksichtigen.

Basel	30 min.	Genf	24 min.	Neuenburg	27 min.
Bern	29 min.	Lausanne	26 min.	Schaffhausen	34 min.
Brig	32 min.	Lugano	35 min.	St. Gallen	37 min.
Chur	38 min.	Luzern	33 min.	Zürich	34 min.

Vom 5. Mai 1941 bis zum 6. Oktober 1941 und vom 4. Mai 1942 bis zum 5. Oktober 1942 hatte die Schweiz die *Sommerzeit* eingeführt. Während dieser Zeit ist eine *zusätzliche Stunde* abzuziehen.

Kennen wir die Ortszeit, so berechnen wir die *Sternzeit der Geburt.* Wir zählen zu der Ortszeit (von 0 Uhr — 24 Uhr) die Sternzeit des Geburtstages. Diese Sternzeit finden wir ebenfalls in der Tabelle S. 117; sie entspricht der Zahl, die wir am Kreuzpunkt der senkrechten Kolonne des Monats mit der waagrechten Kolonne des Tages finden. Die Sternzeit des 8. Mai ist somit 15 h 01 m.

Nun kennen wir die Sternzeit der Geburt (Ortszeit plus Sternzeit des Geburtstages) und brauchen uns nur noch der letzten Tabelle II zuzuwenden, um das *Aszendent-Zeichen* zu finden. Jedes der zwölf Zeichen hat seinen besondern Stunden-Fahrplan. So ist der Widder während der Geburts-Sternzeit von 18 h bis 19 h Aszendent-Zeichen.

Tabelle II

Schweiz (46—47° nördlich)

0 h 35	bis	3 h 17	Löwe	15 h 43	bis	17 h	Wassermann
3 h 17	bis	6 h	Jungfrau	17 h	bis	18 h	Fische
6 h	bis	8 h 43	Waage	18 h	bis	19 h	Widder
8 h 43	bis	11 h 25	Skorpion	19 h	bis	20 h 17	Stier
11 h 25	bis	13 h 53	Schütze	20 h 17	bis	22 h 08	Zwillinge
13 h 53	bis	15 h 43	Steinbock	22 h 08	bis	0 h 35	Krebs

Beispiel

Wir suchen das Aszendent-Zeichen einer Geburt vom 15. Juni 1920 um 06.30 Uhr in Bern

angegebene Geburtszeit		06 h	30 m
Korrektur von mitteleuropäischer Zeit auf den Meridian von Greenwich	—	01 h	
Greenwich-Zeit		05 h	30 m
Länge von Bern	+	00 h	29 m
Ortszeit		05 h	59 m
Sternzeit vom 15. Juni	+	17 h	31 m
Sternzeit der Geburt		23 h	30 m

Ergibt die Addition von Ortszeit und Tagessternzeit mehr als 24 Stunden, sind diese 24 Stunden abzuzählen.

Die Sternzeit der Geburt unseres Beispiels ist also 23 h 30 m. Wir finden in der Tabelle II während der Zeit von 22 h 08 bis 0 h 35 das Zeichen Krebs. Der Krebs ist somit Aszendent-Zeichen.

Österreich

Der einzige Unterschied zwischen Deutschland und Österreich besteht darin, daß Österreich am *1. Oktober 1891* die Zeit des Görlitz-Meridian eingeführt hat. Von diesem Datum an ist somit die Zeitdifferenz für Österreich zu berechnen.

Die nachfolgende Tabelle enthält die Zeitdifferenzen der größeren Städte Österreichs. Das Zeichen + bedeutet, daß die *Zeitdifferenz zuzuzählen* ist, das Zeichen — bedeutet, daß die Zeitdifferenz *abzuziehen* ist. Für Geburten in Orten außerhalb dieser Liste genügt es, die nächstgelegene Stadt zu berücksichtigen.

Bregenz	— 21 min.	Salzburg	— 8 min.
Graz	+ 2 min.	Wien	+ 5 min.
Innsbruck	— 14 min.	Klagenfurt	— 3 min.
Linz	— 3 min.	Villach	— 5 min.

Sommerzeit siehe Deutschland (Seite 116)
Berechnung der Sternzeit siehe Seite 117
Berechnung der Aszendent-Zeichen siehe Seite 118

Beispiel

Geburt vom 12. Mai 1919 um 7 h 20 m in Wien.
Da die Geburt nach dem 1. Oktober 1891 stattgefunden hat, ist die Zeitdifferenz von Wien = 5 Min. hinzuzuzählen.

Die Ortszeit ergibt somit	7 h 20 m	
	+ 5 m	7 h 25 m
für den 12. Mai beträgt die Sternzeit		+ 15 h 17 m
		22 h 42 m

So setzt sich also für Wien im *Süden* (siehe Tabelle unter Deutschland) für die Sternzeit 22 h 42 m der Aszendent in das Zeichen Krebs (zwischen 22 h 05 m und 0 h 33 m).

Kleines Lexikon der Astrologie

(Astronomische und psychologische Fachausdrücke in der Begriffswelt der Astrologie)

Ambivalenz: Unentschiedenheit, Unschlüssigkeit, Doppelwertigkeit, Doppelbödigkeit, Zwiespalt.

Analyse: Zergliederung. Planetenwirkungen, isoliert betrachtet.

Aspekte: Kräftekonfigurationen, die sich aus bestimmten, als Winkel gemessenen Abständen zwischen Planeten ergeben. Man unterscheidet positive (harmonische) und negative (disharmonische) Aspekte. Vgl.: Trigon, Sextil, Quadrat, Opposition.

Aszendent: Schnittpunkt des Osthorizonts mit der Ekliptik. Allgemein: Ostpunkt des Horoskops.

Dekanat: Unterteilung der Tierkreiszeichen in Abschnitte von je zehn Graden.

Deszendent: Schnittpunkt des Westhorizonts mit der Ekliptik. Allgemein: Westpunkt des Horoskops.

Dominieren: Vorherrschen (eines bestimmten Planeten).

Domizil: Einem bestimmten Planeten zugeordnetes Tierkreiszeichen.

Eckhaus: Die vier Haupt-Schicksalsfelder (oder -häuser), an Horizont- und Zenitkreis anliegend: 1., 4., 7. und 10. Haus des Horoskops. Planeten in Eckhäusern „wirken" unter sonst gleichen Umständen stärker als in andern Häusern.

Ekliptik: Scheinbare Sonnenbahn, allgemeine Umlauf-Ebene der Planeten.

Ephemeriden: Tabellen des täglichen Gestirnstandes.

Erdzeichen: Stier, Jungfrau, Steinbock.

Erhöhung: Entsprechend zum Zeichen seines „Falles“ (s. d.) hat jeder Planet ein Zeichen (in Opposition zum Ort des „Falles“), in dem er erhöht steht, d. h. in seiner Qualität *(nicht* in seiner Kraft) gesteigert wird.

Exil: Planet in dem seinem Domizil (s. d.) entgegengesetzten Zeichen. Er steht dort geschwächt in seiner Kraft.

Fall: Jeder Planet steht in einem bestimmten Zeichen im „Fall“, d. h. in seiner Qualität vermindert. Dem Zeichen des „Falles“ gegenüber steht das der „Erhöhung“ des jeweiligen Planeten (s. d.).

Feuerzeichen: Widder, Löwe, Schütze.

Häuser: Unterteilung der Tierkreis-Ekliptik in Schicksalsfelder.

Horoskop: Geburtsbild mit Tierkreis, Planetenstellung und Schicksalsfeldern, übertragen auf einen Kreis. Abwägung von Geburtsminute und Geburtsort.

Imum Coeli (I. C.). Himmelstiefe (Mitternacht, Nadir).

Introversion: Verinnerlichung, Einkehr in sich selbst.

Kombination: Zusammenspiel von Einzelkräften.

Komplex: Astrologische Planetenballung.

Konjunktion: Winkelabstand zweier Planeten 0 Grad (auf dem gleichen Tierkreisgrad). Vgl. Aspekte.

Konstellation: Planetenstand.

Kulmination: Übergang von Planeten oder Tierkreisgraden über den Mittagskreis oder Mitternachtskreis.

Lunar: Auf den Mond bezogen.

Luftzeichen: Zwillinge, Waage, Wassermann.

Medium Coeli (M. C.): Himmelsmitte (Mittag, Zenit).

Nativer: Geborener (Horoskopträger).

Nativität: Geburt, Geburtszeit.

Opposition: 180 Grad Winkelabstand zwischen Planeten. Vgl. Aspekte.

Orb (Orbis):	Umkreis o. Wirkungsbereich der Aspekte (s. d.).
Polarität:	Gegensätzliche Eigenschaften, Wirkungen und Verhaltensweisen.
Quadrat:	90 Grad Winkelabstand zwischen Planeten. Vgl. Aspekte.
Rotation:	Erdbewegung.
Sextil:	60 Grad Winkelabstand zwischen Planeten. Vgl. Aspekte.
Signatur:	Kennzeichnung, Prägung (eines Menschen durch Gestirne).
Solar:	Auf die Sonne bezüglich.
Sonnenzeichen:	Geburtsmonat.
Symbol:	Sinnbild.
Synthese:	Zusammenfügung von Einzelteilen zu einem Ganzen, Planetenwirkungen gesamthaft betrachtet.
Trigon:	120 Grad Winkelabstand von Planeten. Vgl. Aspekte.
Typ:	Charakter- und Temperamentsbild, das sich aus der Zusammenfassung bestimmter (typischer) Merkmale ergibt.
Typologie:	Psychologische Lehre von der Einteilung der Menschen in bestimmte Kategorien (nach Charakter und Temperament).
Wasserzeichen:	Krebs, Skorpion, Fische.
Zodiakus:	Tierkreis.

Erläuterung des umseitigen Horoskop-Schemas

Die *Häuser* bedeuten die Bezirke (Grundsituationen), in denen sich unser Leben abspielt. Das einem Haus zugeordnete *Tierkreiszeichen* verdeutlicht die Grundstimmung in der wir die entsprechende Situation erleben. die Art und Weise, in der wir in ihr reagieren. Die *Planeten* und ihre Aspekte endlich geben Auskunft über die Kräfte, mit denen wir ausgestattet sind, um den verschiedenen Lebenssituationen gerecht zu werden.

Bildquellen

Das in der Reihe der „Tierkreisbücher" reproduzierte Bildmaterial wurde besorgt von

Dominique Lyon-Caen

und entsprechend den Angaben der *französischen Originalausgabe* (Editions du Seuil, Paris) von den nachstehenden Personen und Agenturen zur Verfügung gestellt:

Alinari-Giraudon; Alinari-Viollet; Anderson-Giraudon; Anderson-Viollet; Archives Photographiques; Architecture d'Aujourd'hui; Carmen Besse; Bibliothèque de l'Arsenal; Bibliothèque du Conservatoire; Bibliothèque Nationale (Ed. du Seuil); Bibliothèque Nationale; Bibliothèque de l'Opéra; Bibliothèque Sainte-Geneviève; Martine Brando; British Museum; Brogi-Giraudon; Editions Jeanne Bucher; Bulloz; Bulloz-Viollet; Caillet; Cartier-Bresson-Magnum; Cahiers du Cinéma; Cinémathèque; Delagrave; Archives DLC; Giraudon; Giraudon-Viollet; Musée Guimet (Edition Nomis); Halsman; Harlingue-Viollet; Keystone; Chrys Marker; Archives Microcosme; Rezarail; Sanford Roth/Rapho; Archives Sovad; Archives Speiser; Martine Wilmark; Roger Viollet; Georges Viollon; Denise York.

Die Reproduktionsrechte für die den biographischen Teil der *deutschen Ausgabe* ergänzenden Illustrationen wurden von folgenden Agenturen erworben:

Historia-Photo; IBA-Internat. Bild Agentur; Keystone Press.

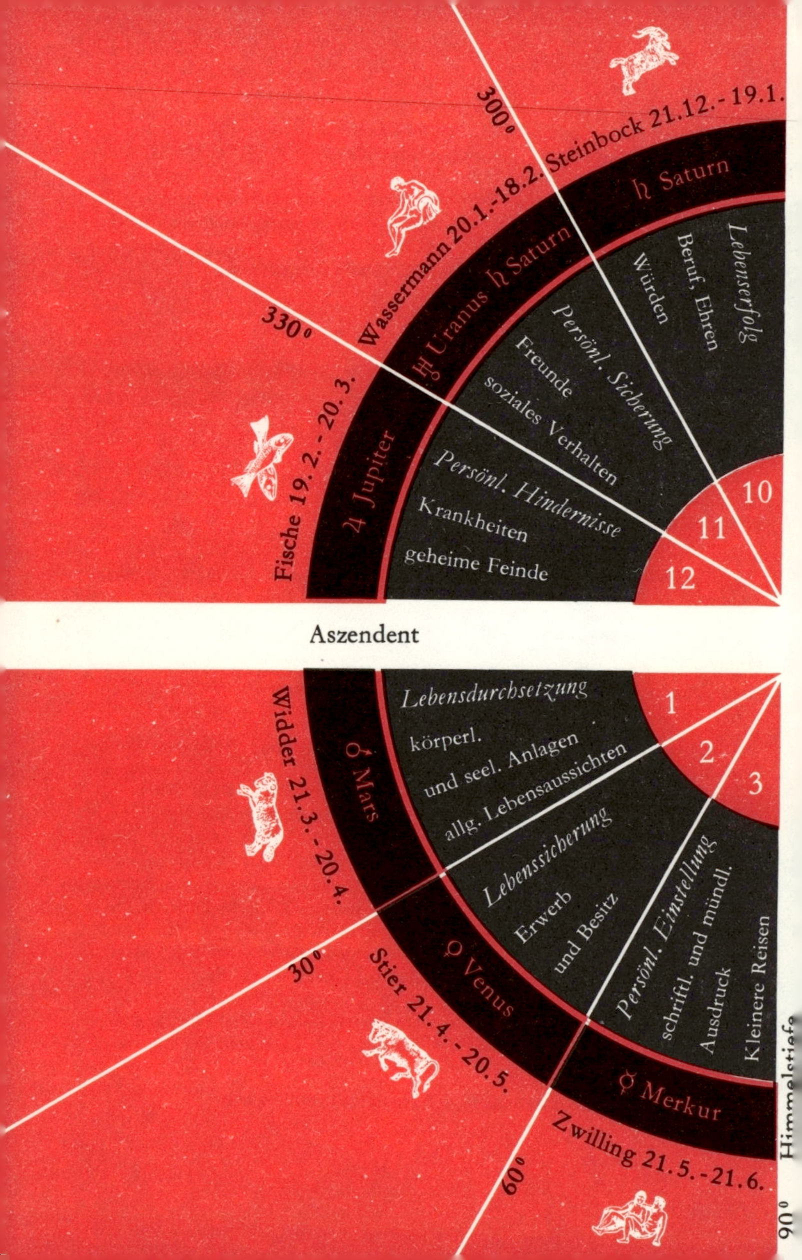

Steinbock 21.12.-19.1.
300°
♄ Saturn
Lebenserfolg
Beruf, Ehren
Würden
Wassermann 20.1.-18.2.
♅ Uranus ♄ Saturn
Persönl. Sicherung
Freunde
soziales Verhalten
330°
Fische 19.2.-20.3.
♃ Jupiter
Persönl. Hindernisse
Krankheiten
geheime Feinde
10
11
12
Aszendent
1
2
3
Widder 21.3.-20.4.
♂ Mars
Lebensdurchsetzung
körperl.
und seel. Anlagen
allg. Lebensaussichten
30°
Stier 21.4.-20.5.
♀ Venus
Lebenssicherung
Erwerb
und Besitz
60°
Zwilling 21.5.-21.6.
☿ Merkur
Persönl. Einstellung
schriftl. und mündl.
Ausdruck
Kleinere Reisen
90°
Himmelstiefe

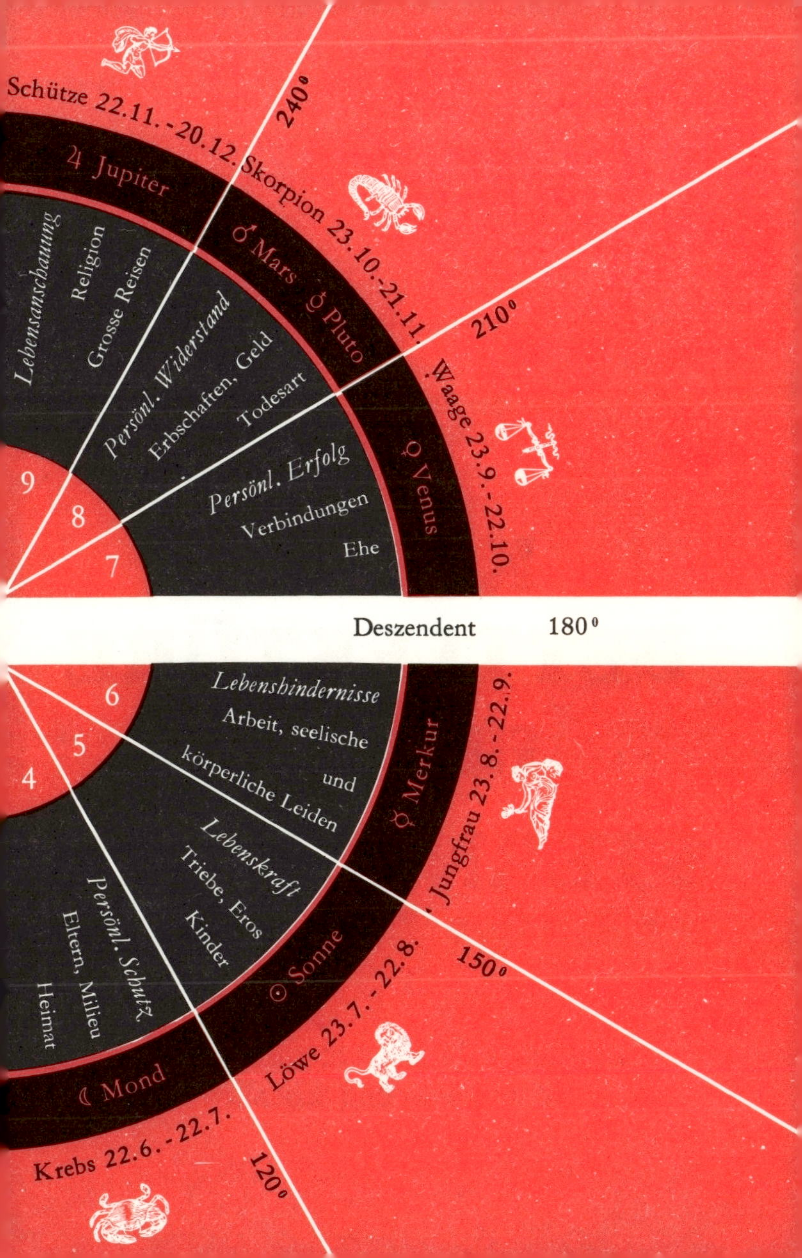

Schütze 22.11.-20.12.
240°
♃ Jupiter
Skorpion 23.10.-21.11.
Lebensanschauung
Religion
Grosse Reisen
♂ Mars
♇ Pluto
Persönl. Widerstand
Erbschaften, Geld
Todesart
210°
Waage 23.9.-22.10.
♀ Venus
Persönl. Erfolg
Verbindungen
Ehe
9
8
7
Deszendent
180°
6
5
4
Lebenshindernisse
Arbeit, seelische
und
körperliche Leiden
☿ Merkur
Jungfrau 23.8.-22.9.
Lebenskraft
Triebe, Eros
Kinder
150°
☉ Sonne
Löwe 23.7.-22.8.
Persönl. Schutz
Eltern, Milieu
Heimat
☾ Mond
Krebs 22.6.-22.7.
120°